Paleo

Regresa a tus Raíces para una Vida Saludable

Marta Sánchez

Tabla de contenido

Huevo escocés seco de cereza y salvia 10
Filetes de coliflor y huevos 12
Frittata de pavo, espinacas y espárragos 14
Huevos revueltos tunecinos con pimientos asados y harissa 16
Shakshuka de huevo 17
Huevos al horno con salmón y espinacas 18
Sopa de huevo con cebolla, champiñones y bok choy 19
tortilla dulce persa 22
Chawanmushi de camarones y cangrejo 24
Hash de salchicha de pollo 26
Salchichas de desayuno de pera y romero 28
Cazuela De Carne Deshebrada A La Cubana 29
Sartén De Pollo Francés 31
Trucha con batatas 33
Filete de salmón con salsa de tomatillo y mango, huevos escalfados y tiras de calabacín 35
Manzana-Lino agrietado 39
Granola Paleo de naranja y jengibre 41
Melocotones y frutos rojos guisados con crujiente de coco y almendras tostadas ... 43
Batidos energéticos de fresa y mango 45
Batidos de dátiles 46
Jalapeños rellenos de chorizo 48
Trozos de remolacha frita con chispas de naranja y nueces 50
Taza de coliflor con pesto de hierbas y cordero 53
Aderezo de alcachofa de espinaca 55
Albóndigas asiáticas con salsa de anís estrellado 57
Huevos rellenos 60
Rollitos de berenjena frita y romesco 62
Wraps de carne vegetariana 64
Trozos de escarola de vieiras y aguacate 65
Chips de champiñones ostra con hierbas y alioli de limón 67

- Chips de tubérculos 68
- Chips verdes de mostaza con sésamo 70
- Pepitas Fritas Picantes 71
- Nueces con hierbas y chipotle 73
- Hummus de pimiento rojo asado con verduras 76
- Helado de jengibre y hibisco 78
- Agua Fresca Fresa-Melón-Menta 79
- Agua Fresca de Sandía y Arándanos 80
- Agua Fresca De Pepino 81
- chai de coco 82
- Solomillo de ternera asado a fuego lento 84
- Ensalada de ternera poco hecha al estilo vietnamita 86
- Carne de res 86
- Ensalada 86
- Pechuga estofada mexicana con ensalada de mango, jícama, chile y semillas de calabaza asadas 88
- Mama 88
- Ensalada 88
- Wraps de lechuga romana con pechuga de res desmenuzada y Chile Harissa rojo fresco 90
- Mama 90
- Harissa 90
- Ojo redondo asado con costra de hierbas, puré de tubérculos y salsa de sartén 92
- Bife   92
- salsa de cacerola 92
- Sopa de ternera y verduras con pesto de pimiento rojo asado 96
- Estofado de ternera dulce y salado a fuego lento 99
- Arrachera frita con coles de Bruselas y cerezas 101
- Sopa de filete de falda asiática 102
- Filete de falda salteado con arroz de coliflor y sésamo 104
- Arrachera rellena con salsa chimichurri 106
- Brochetas de filete de falda a la parrilla con mayonesa de rábano picante 109
- Chuck Steaks frito al vino con champiñones 111
- Filetes de lomo con salsa de aguacate y rábano picante 113
- Bife   113

Salsa 113
Solomillo marinado en limoncillo 115
Solomillo balsámico-Dijon con espinacas al ajillo 117
Bife   117
Espinaca 117
Pavo asado con puré de raíces al ajo 120
Pechuga de pavo rellena con salsa pesto y ensalada de rúcula 123
Pechuga de pavo picante con salsa BBQ de cerezas 125
Lomo de pavo estofado al vino 127
Pechuga de pavo salteada con salsa de cebollino y gambas 130
Muslos de pavo estofados con tubérculos 132
Pastel de carne de pavo con hierbas, salsa de tomate de cebolla caramelizada y trozos de repollo frito 134
Posole de pavo 136
caldo de huesos de pollo 138
Salmón verde harissa 141
Salmón 141
Harissa 141
Semillas de girasol especiadas 141
Ensalada 142
Salmón a la plancha con ensalada de corazones de alcachofa marinados 145
Salmón frito con chile y salvia con salsa de tomate verde 147
Salmón 147
Salsa de tomate verde 147
Salmón asado y espárragos en papillote con pesto de limón y avellanas 150
Salmón untado con especias con salsa de champiñones y manzana 152
Lenguado en papillote con verduras en juliana 155
Tacos de pescado con pesto de rúcula y crema de lima ahumada 157
Lenguado con costra de almendras 159
Paquetes de bacalao y calabacín a la plancha con salsa picante de mango y albahaca 162
Bacalao escalfado al Riesling con tomates rellenos de pesto 164
Bacalao asado con costra de pistacho y cilantro sobre boniatos triturados 166
Bacalao al romero y mandarina con brócoli asado 168
Wraps de ensalada de bacalao al curry con rábanos en escabeche 170

Abadejo frito con limón e hinojo 172

Pargo con costra de nueces y remoulade, okra estilo cajún y tomates 174

Filete de atún al estragón con alioli de aguacate y limón 177

Tagine de lubina rayada 180

Fletán en salsa de camarones al ajillo con col rizada al ajillo 182

Bullabesa De Mariscos 184

Ceviche Clásico De Camarones 186

Ensalada de gambas con costra de coco y espinacas 189

Ceviche Tropical De Camarones Y Vieiras 191

Camarones Jerk Jamaicanos con aceite de aguacate 193

Gambas al ajillo con espinacas marchitas y achicoria 194

Ensalada de cangrejo con aguacate, pomelo y jícama 196

Cola de langosta cajún hervida con alioli de estragón 198

Patatas fritas de mejillones con alioli de azafrán 200

Papas fritas con chirivía 200

Alioli de azafrán 200

Mejillones 200

Vieiras fritas con sabor a remolacha 203

Vieiras a la parrilla con salsa de pepino y eneldo 206

Vieiras fritas con tomate, aceite de oliva y salsa de hierbas 209

Vieiras y salsa 209

Ensalada 209

Coliflor asada al comino con hinojo y cebolla perla 211

Salsa gruesa de tomate y berenjena con espagueti de calabaza 213

Champiñones rellenos de Portobello 215

Achicoria frita 217

Hinojo asado con vinagreta de naranja 218

Repollo Saboya Estilo Punjabi 221

Calabaza asada con canela 223

Espárragos fritos con huevo escalfado y nueces 224

HUEVO ESCOCÉS SECO DE CEREZA Y SALVIA

PREPARACIÓN:20 minutos de asado: 35 minutos rinden: 4 porciones

ESTE CLÁSICO SNACK DE PUB BRITÁNICOSE TRADUCE EN UN DESAYUNO PALEO PERFECTO. SI PREPARA LOS HUEVOS DUROS CON ANTICIPACIÓN, ESTA RECETA SE PREPARA MUY RÁPIDO Y TAMBIÉN SE PELAN MÁS FÁCILMENTE. MANTENER UN PLATO DE HUEVOS DUROS EN EL FRIGORÍFICO ES UNA GRAN IDEA PARA DESAYUNOS Y MERIENDAS RÁPIDAS.

1 libra de carne magra de cerdo molida
½ taza de cerezas picadas sin azúcar agregada
2 cucharadas de salvia fresca picada
1 cucharada de mejorana fresca picada
1 cucharadita de pimienta negra recién molida
¼ cucharadita de nuez moscada recién molida
⅛ cucharadita de clavo molido
4 huevos grandes duros, enfriados y pelados*
½ taza de harina de almendras
1 cucharadita de salvia seca, triturada
½ cucharadita de mejorana seca, triturada
2 cucharadas de aceite de oliva virgen extra
Mostaza estilo Dijon (verreceta)

1. Precaliente el horno a 375°F. Forre una bandeja para hornear con papel de hornear o papel de aluminio; poner a un lado. Combine la carne de cerdo, las cerezas, la salvia fresca, la mejorana fresca, la pimienta, la nuez moscada y los clavos en un tazón grande.

2. Forme cuatro hamburguesas del mismo tamaño con la mezcla de carne de cerdo. Coloque un huevo en cada hamburguesa. Dale forma a la hamburguesa alrededor de cada huevo. Combine la harina de almendras,

la salvia seca y la mejorana seca en un plato poco profundo o en un molde para pastel. Enrolle cada huevo cubierto de salchicha en la mezcla de harina de almendras para cubrirlos. Colóquelo en la bandeja para hornear preparada. Rocíe con aceite de oliva.

3. Hornee de 35 a 40 minutos o hasta que la salchicha esté bien cocida. Servir con mostaza estilo Dijon.

*Consejo: Para hervir huevos duros, colóquelos en una sola capa en una olla grande. Cubra con 1 a 2 pulgadas de agua. Hervir. Déjalo hervir durante 1 minuto. Alejar del calor. Tapar y dejar reposar de 12 a 15 minutos.

FILETES DE COLIFLOR Y HUEVOS

PREPARACION:20 minutos de cocción: 25 minutos rinden: 4 porciones

SE CORTAN RODAJAS GRUESASUNA CABEZA DE COLIFLOR PARA HACER "FILETES" ABUNDANTES QUE LUEGO SE FRIEN EN ACEITE DE OLIVA HASTA QUE ESTEN DORADOS Y CRUJIENTES, SE CUBREN CON UN HUEVO ESCALFADO Y SE SIRVEN SOBRE UNA CAMA DE COL RIZADA SALTEADA.

- 1 cabeza de coliflor, sin hojas
- 1½ cucharadita de condimento ahumado (ver<u>receta</u>)
- 5 cucharadas de aceite de oliva virgen extra
- 4 huevos grandes
- 1 cucharada de vinagre blanco o de sidra
- 2 dientes de ajo grandes, finamente picados
- 4 tazas de col rizada picada

1. Coloque el extremo del tallo de la coliflor sobre una tabla de cortar. Con un cuchillo grande y afilado, corte la coliflor en cuatro filetes de ½ pulgada desde el centro de la coliflor, cortando el tallo (algunos floretes pueden desprenderse, excepto para otros usos).

2. Sazone los filetes por ambos lados con 1 cucharadita de condimento ahumado. Calienta 2 cucharadas de aceite de oliva a fuego medio-alto en una sartén extra grande. Agrega 2 de las hamburguesas de coliflor. Cocine durante 4 minutos por cada lado o hasta que estén dorados y tiernos. Retirar de la sartén y cubrir ligeramente con papel de aluminio. Manténgalo caliente en un horno a 200°F. Repita con los 2 filetes restantes, usando otras 2 cucharadas de aceite de oliva.

3. Para escalfar los huevos, llene una sartén aparte con aproximadamente 3 pulgadas de agua. Agrega vinagre y deja hervir. Rompe los huevos, uno a la vez, en un tazón pequeño o molde y

deslízalos suavemente en el agua hirviendo. Deja que los huevos se cocinen de 30 a 45 segundos o hasta que las claras comiencen a cuajar. Apaga el fuego. Tapa y pocha durante 3 a 5 minutos, dependiendo de qué tan suaves te gusten las yemas.

4. En la misma sartén, caliente la cucharada restante de aceite de oliva. Agregue el ajo y cocine de 30 segundos a 1 minuto. Agregue la col rizada y cocine y revuelva durante 1 a 2 minutos o hasta que se ablande.

5. Para servir, divida la col rizada en cuatro platos. Cubra cada uno con una hamburguesa de coliflor y un huevo escalfado. Espolvorea los huevos con la ½ cucharadita restante de condimento ahumado y sirve inmediatamente.

FRITTATA DE PAVO, ESPINACAS Y ESPÁRRAGOS

PREPARACIÓN:20 minutos de asado: 3 minutos rinden: 2 a 3 porciones

ESTA HERMOSA FRITTATA ESTÁ SALPICADA DE VERDURAS.SE PREPARA MUY RÁPIDAMENTE Y ES UNA EXCELENTE MANERA DE COMENZAR EL DÍA O TERMINARLO. ES PERFECTO PARA UNA CENA RÁPIDA CUANDO NO TIENES TIEMPO PARA COCINAR UNA COMIDA MÁS COMPLICADA. NO ES NECESARIA UNA OLLA DE HIERRO FUNDIDO PERO TE DARÁ MUY BUENOS RESULTADOS.

2 cucharadas de aceite de oliva virgen extra
1 diente de ajo, finamente picado
4 gramos de pechuga de pavo molida
¼ a ½ cucharadita de pimienta negra
½ taza de espárragos frescos en trozos de ½ pulgada de largo
1 taza de hojas tiernas de espinaca fresca, picadas
4 huevos grandes
1 cucharada de agua
2 cucharaditas de eneldo fresco picado
1 cucharada de perejil fresco picado

1. Precaliente la parrilla con la rejilla del horno colocada a 4 pulgadas del elemento calefactor.

2. Calienta 1 cucharada de aceite de oliva a fuego medio en una sartén mediana apta para horno. Agrega el ajo; cocine y revuelva hasta que esté dorado. Agrega el pavo molido; espolvorear con pimienta. Cocine y revuelva durante 3 a 4 minutos o hasta que la carne esté dorada y bien cocida, revolviendo con una cuchara de madera para desmenuzar la carne. Transfiera el pavo cocido a un tazón; poner a un lado.

3. Vuelva a colocar la sartén sobre la estufa; vierte la 1 cucharada restante de aceite de oliva en la sartén. Agrega los espárragos; deje

hervir y revuelva a fuego medio-alto hasta que estén tiernos. Agregue el pavo cocido y las espinacas. Cocine por 1 minuto.

4. Batir los huevos con el agua y el eneldo en un bol mediano. Vierta la mezcla de huevo sobre la mezcla de pavo en la sartén. Cocine y revuelva durante 1 minuto. Transfiera el molde al horno y hornee de 3 a 4 minutos o hasta que los huevos estén cuajados y la parte superior dorada. Espolvorea sobre perejil picado.

HUEVOS REVUELTOS TUNECINOS CON PIMIENTOS ASADOS Y HARISSA

PREPARACIÓN:30 minutos de asado: 8 minutos de reposo: 5 minutos de asado: 5 minutos rinde: 4 porciones

- 1 pimiento rojo pequeño
- 1 pimiento amarillo pequeño
- 1 chile poblano pequeño (ver<u>Consejos</u>)
- 1 cucharada de aceite de oliva virgen extra
- 6 huevos grandes
- ¼ cucharadita de canela molida
- ½ cucharadita de comino molido
- ⅓ taza de pasas doradas
- ⅓ taza de perejil fresco picado
- 1 cucharada de Harissa (ver<u>receta</u>)

1. Precaliente la parrilla con la rejilla del horno colocada a 3 a 4 pulgadas del fuego. Reduzca los pimientos por la mitad a lo largo; quitar los tallos y las semillas. Coloque las mitades de pimiento morrón, con los lados cortados hacia abajo, en una bandeja para hornear forrada con papel de aluminio. Ase durante 8 minutos o hasta que la piel del pimiento esté negra. Envuelve el pimentón en papel de aluminio. Dejar enfriar durante 5 minutos. Desenvuelva los pimientos; Utilice un cuchillo afilado para quitar la piel ennegrecida. Corta los pimientos en tiras finas; poner a un lado.

2. Mezcle los huevos, la canela y el comino en un tazón grande. Batir hasta que esté espumoso. Agrega las tiras de pimiento, las pasas, el perejil y la harissa.

3. Calienta el aceite de oliva a fuego medio en una sartén grande. Agrega la mezcla de huevo a la sartén. Cocine de 5 a 7 minutos o hasta que los huevos estén cuajados pero aún húmedos y brillantes, revolviendo con frecuencia. Servir inmediatamente.

SHAKSHUKA DE HUEVO

EMPEZAR A ACABAR: 35 minutos rinden: 4 a 6 porciones

- ¼ de taza de aceite de oliva virgen extra
- 1 cebolla grande, partida por la mitad y en rodajas finas
- 1 pimiento rojo grande, en rodajas finas
- 1 pimiento dulce naranja grande, en rodajas finas
- 1 cucharadita de comino molido
- ½ cucharadita de pimentón ahumado
- ½ cucharadita de pimiento rojo triturado
- 4 dientes de ajo, finamente picados
- 2 latas de 14.5 onzas de tomates cortados en cubitos, orgánicos, sin sal, asados al fuego
- 6 huevos grandes
- Pimienta negra recién molida
- ¼ de taza de cilantro fresco picado
- ¼ taza de albahaca fresca picada

1. Precaliente el horno a 400°F. Calienta el aceite a fuego medio en una sartén grande apta para horno. Agrega la cebolla y el pimentón. Cocine y revuelva durante 4 a 5 minutos o hasta que las verduras estén tiernas. Agrega el comino, el pimentón, el pimiento rojo triturado y el ajo; cocine y revuelva durante 2 minutos.

2. Agregue los tomates. Hervir; reduce el calor. Déjalo cocinar a fuego lento sin tapar durante unos 10 minutos o hasta que espese.

3. Rompe los huevos en la sartén sobre la mezcla de tomate. Transfiera la sartén al horno precalentado. Hornee, sin tapar, de 7 a 10 minutos o hasta que los huevos estén listos (las yemas aún deben estar líquidas).

4. Espolvoree pimienta negra. Adorne con cilantro y albahaca; servir inmediatamente.

HUEVOS AL HORNO CON SALMÓN Y ESPINACAS

PREPARACION:20 minutos de asado: 15 minutos rinden: 4 porciones

- 1 cucharada de aceite de oliva virgen extra
- 1 cucharada de hojas frescas de tomillo
- Nuez moscada recién rallada
- 10 gramos de hojas tiernas de espinaca (6 tazas empaquetadas)
- 2 cucharadas de agua
- 8 gramos de salmón a la plancha o frito
- 1 cucharadita de piel de limón finamente rallada
- ½ cucharadita de condimento ahumado (ver<u>receta</u>)
- 8 huevos grandes

1. Precaliente el horno a 375°F. Cepille el interior de cuatro moldes de 6 a 8 onzas con aceite de oliva. Espolvoree las hojas de tomillo de manera uniforme entre los moldes; espolvorear ligeramente con nuez moscada rallada. Poner a un lado.

2. Mezcle las espinacas y el agua en una cacerola mediana tapada. Hervir; Retírelo del calor. Levante y voltee las espinacas con unas pinzas hasta que se ablanden. Coloque las espinacas en un colador de malla fina; presione con fuerza para liberar el exceso de líquido. Divida las espinacas entre los moldes preparados. Desmenuza el salmón uniformemente entre los moldes. Espolvoree el salmón con ralladura de limón y sazonador ahumado. Rompe 2 de los huevos en cada molde.

3. Coloque los moldes rellenos en una fuente para hornear grande. Vierta agua caliente en la fuente para asar hasta que llegue a la mitad de los lados de los moldes. Transfiera con cuidado la sartén al horno.

4. Hornee de 15 a 18 minutos o hasta que las claras estén cuajadas. Servir inmediatamente.

SOPA DE HUEVO CON CEBOLLA, CHAMPIÑONES Y BOK CHOY

PREPARACIÓN:30 minutos reposando: 10 minutos hirviendo: 5 minutos rinden: 4 a 6 porciones

- 0,5 onzas de wakame secado al sol
- 3 cucharadas de aceite de coco sin refinar
- 2 chalotes, finamente picados
- 1 trozo de jengibre fresco de 2 pulgadas, pelado y cortado en trozos muy finos del tamaño de una cerilla
- 1 anís estrellado
- 1 libra de hongos shiitake, sin tallos y en rodajas
- 1 cucharadita de polvo de cinco especias
- ¼ cucharadita de pimienta negra
- 8 tazas de caldo de huesos de res (ver receta) o caldo de res sin sal
- ¼ de taza de jugo de limón fresco
- 3 huevos grandes
- 6 cebollas, en rodajas finas
- 2 cabezas de bok choy baby, cortadas en rodajas de ¼ de pulgada de grosor

1. Cubra el wakame con agua caliente en un tazón mediano. Dejar actuar 10 minutos o hasta que esté suave y flexible. Escurrir bien; enjuagar bien y vaciar nuevamente. Corta tiras de wakame en trozos de 1 pulgada; poner a un lado.

2. Calienta el aceite de coco a fuego medio en una cacerola grande. Agrega las chalotas, el jengibre y el anís estrellado. Cocine y revuelva durante unos 2 minutos o hasta que las chalotas estén traslúcidas. Agrega los champiñones; cocine y revuelva durante 2 minutos. Espolvorea cinco especias en polvo y pimienta sobre los champiñones; cocine y revuelva durante 1 minuto. Agregue el wakame reservado, el

caldo de huesos de res y el jugo de limón. Deja que la mezcla hierva a fuego lento.

3. Batir los huevos en un tazón pequeño. Rocíe el huevo batido en el caldo hirviendo, agitando el caldo en forma de ocho. Retire la sopa del fuego. Agregue las cebolletas. Divida el bok choy en tazones grandes calientes. Sirva la sopa en tazones; servir inmediatamente.

TORTILLA DULCE PERSA

EMPEZAR A ACABAR: 30 minutos rinden: 4 porciones

- 6 huevos grandes
- ½ cucharadita de canela molida
- ¼ cucharadita de cardamomo molido
- ¼ cucharadita de cilantro molido
- 1 cucharadita de piel de naranja finamente rallada
- ½ cucharadita de extracto puro de vainilla
- 1 cucharada de aceite de coco refinado
- ⅔ taza de anacardos crudos, picados en trozos grandes y tostados
- ⅔ taza de almendras crudas, picadas y tostadas
- ⅔ taza de pita y dátiles Medjool picados
- ½ taza de coco crudo rallado

1. En un tazón mediano, mezcle los huevos, la canela, el cardamomo, el cilantro, la ralladura de naranja y el extracto de vainilla hasta que estén espumosos; poner a un lado.

2. Calienta el aceite de coco a fuego medio-alto en una sartén grande hasta que caiga una gota de agua en el centro de la sartén. Agrega la mezcla de huevo; reduzca el fuego a medio.

3. Deje que los huevos se cocinen hasta que empiecen a cuajar en los bordes de la sartén. Con una espátula resistente al calor, empuje suavemente un borde de la mezcla de huevo hacia el centro de la sartén mientras inclina la sartén para que el resto de la mezcla líquida de huevo flote debajo. Repita el proceso alrededor de los bordes de la sartén hasta que el líquido esté casi cuajado pero los huevos aún estén húmedos y brillantes. Afloja los bordes de la tortilla con la espátula; Deslice con cuidado la tortilla fuera de la sartén y colóquela en un plato para servir.

4. Espolvoree anacardos, almendras, dátiles y coco sobre la tortilla. Servir inmediatamente.

CHAWANMUSHI DE CAMARONES Y CANGREJO

PREPARACION:30 minutos de cocción: 30 minutos de enfriamiento: 30 minutos rinde: 4 porciones

"CHAWANMUSHI" SE TRADUCE LITERALMENTE COMO "TAZA DE TÉ HUMEANTE".QUE SE REFIERE A CÓMO SE PREPARA TRADICIONALMENTE ESTA NATILLA JAPONESA: AL VAPOR EN UNA TAZA DE TÉ. ESTE PLATO CREMOSO Y SABROSO SE PUEDE SERVIR CALIENTE O FRÍO. UN POCO DE CURIOSIDAD CULINARIA: ES UNO DE LOS RAROS PLATOS JAPONESES QUE SE COME CON CUCHARA.

- 2 onzas de camarones frescos o congelados, pelados, desvenados y picados
- 1½ onzas de carne de cangrejo Dungeness o de las nieves fresca o congelada*
- 2½ tazas de caldo de huesos de pollo (ver receta), caldo de huesos de buey (ver receta), o caldo de pollo o ternera sin sal, refrigerado
- ⅔ taza de hongos shiitake, recortados y picados
- 1 trozo de jengibre fresco de 1 pulgada, pelado y en rodajas finas
- ⅛ cucharadita de polvo de cinco especias sin sal
- 3 huevos grandes, batidos
- ⅓ taza de calabaza pequeña cortada en cubitos
- 2 cucharadas de cilantro fresco picado

1. Descongele los camarones y el cangrejo, si están congelados. Enjuague los camarones y el cangrejo; secar con toallas de papel. Poner a un lado. En una cacerola pequeña, hierva 1½ tazas de caldo, ⅓ taza de hongos shiitake picados, jengibre y cinco especias en polvo; reduce el calor. Cocine a fuego lento hasta que se reduzca a 1 taza, aprox. 15 minutos. Retira la olla del fuego. Agrega la 1 taza de caldo restante; déjelo enfriar a temperatura ambiente, aproximadamente 20 minutos.

2. Cuando el caldo se haya enfriado por completo, agregue con cuidado los huevos y agregue la menor cantidad de aire posible. Cuela la mezcla sobre un bol a través de un colador de malla fina; desechar los sólidos.

3. Divida los camarones, el cangrejo, el calabacín, el cilantro y el ¼ de taza de champiñones restante en cuatro moldes o tazas de 8 a 10 onzas. Divida la mezcla de huevo entre moldes, llenando cada mitad hasta tres cuartos de su capacidad; poner a un lado.

4. Llene una olla extra grande con 1½ pulgadas de agua. Cubra y deje hervir. Reduce el calor a medio-bajo. Coloca los cuatro moldes dentro de la olla. Vierta con cuidado suficiente agua hirviendo adicional para llegar a la mitad de los lados de los moldes. Cubra los moldes sin apretar con papel de aluminio. Cubra la olla con una tapa hermética y cocine al vapor durante unos 15 minutos o hasta que la mezcla de huevo se haya endurecido. Para comprobar si está hecha, introduce un palillo en el centro de la natilla. Cuando salga caldo claro ya está listo. Retire con cuidado los moldes. Dejar enfriar durante 10 minutos antes de servir. Sirva caliente o frío.

Nota: Antes de comenzar la receta, busque una olla extra grande con una tapa hermética que permita que cuatro moldes o tazas queden en posición vertical en su interior. Mientras las tazas están adentro, busque un paño o toalla limpia de 100 % algodón para cubrir la parte superior de las tazas sin obstruir la tapa.

*Consejo: Necesitas 4 gramos de cangrejo con cáscara para obtener 1½ gramos de carne de cangrejo.

Consejo: Los champiñones y las especias añaden sabor al caldo en el Paso 1. Para una versión más rápida, use 2 tazas de caldo y comience con el Paso 2, omitiendo el jengibre, las cinco especias en polvo y ⅓ de taza de shiitakes. No es necesario colar la mezcla de huevo.

HASH DE SALCHICHA DE POLLO

PREPARACIÓN:20 minutos de cocción: 15 minutos rinden: 4 a 6 porciones

AUNQUE ESTE SABROSO HACHÍS ES PERFECTODELICIOSO POR SÍ SOLO, ROMPER LOS HUEVOS FRESCOS EN LAS HENDIDURAS DEL PICADILLO Y DEJARLOS COCINAR HASTA QUE ESTÉN LIGERAMENTE FIRMES (PERMITIENDO QUE LA YEMA CORRA HACIA EL PICADILLO) LO HACE ESPECIALMENTE SABROSO.

- 2 libras de pollo molido
- 1 cucharadita de tomillo seco
- 1 cucharadita de salvia seca
- ½ cucharadita de romero seco
- ¼ cucharadita de pimienta negra
- 2 cucharadas de aceite de oliva virgen extra
- 2 tazas de cebolla picada
- 1 cucharada de ajo finamente picado
- 1 taza de pimiento verde picado
- 1 taza de remolacha rallada o remolacha dorada
- ½ taza de caldo de huesos de pollo (ver_receta_) o caldo de pollo sin sal

1. Combine el pollo molido, el tomillo, la salvia, el romero y la pimienta negra en un tazón grande y revuelva la mezcla con las manos para distribuir las especias uniformemente por toda la carne.

2. Calienta 1 cucharada de aceite en una sartén extra grande a fuego medio-alto. Agrega el pollo; cocinar aprox. 8 minutos o hasta que esté ligeramente dorado, revolviendo con una cuchara de madera para desmenuzar la carne. Con una espumadera, retire la carne de la sartén; poner a un lado. Escurrir la grasa de la sartén. Limpia la sartén con una toalla de papel limpia.

3. Calienta la cucharada de aceite restante en la misma sartén a fuego medio. Agrega la cebolla y el ajo; cocina durante unos 3 minutos o hasta que la cebolla esté tierna. Agrega el pimiento dulce y la remolacha rallada a la mezcla de cebolla; cocine de 4 a 5 minutos o hasta que las verduras estén tiernas, revolviendo ocasionalmente. Agregue la mezcla de pollo reservada y el caldo de huesos de pollo. Calentar.

Consejo: si lo deseas, puedes hacer cuatro sangrías en el hash; Rompe un huevo en cada hendidura. Tapar y cocinar a fuego medio hasta que los huevos estén cocidos al gusto.

SALCHICHAS DE DESAYUNO DE PERA Y ROMERO

PREPARACION:20 minutos de cocción: 8 minutos por tanda rinde: 4 porciones (2 hamburguesas)

LA PERA RALLADA DA ESTAS SABROSAS SALCHICHASUN TOQUE DE DULZURA, QUE ES UN COMPLEMENTO MARAVILLOSO PARA EL SABOR AHUMADO DEL PIMENTON. DISFRÚTALOS SOLOS O CON HUEVOS.

- 1 libra de cerdo molido
- 1 pera mediana madura (como Bosc, Anjou o Bartlett), pelada, sin corazón y rallada
- 2 cucharadas de cebolla finamente picada
- 2 cucharaditas de romero fresco picado
- 1 cucharadita de semillas de hinojo, trituradas
- ½ cucharadita de pimentón ahumado
- ¼ a ½ cucharadita de pimienta negra recién molida
- 2 dientes de ajo, finamente picados
- 1 cucharada de aceite de oliva

1. Combine la carne de cerdo molida, la pera, la cebolla, el romero, las semillas de hinojo, el pimentón ahumado, la pimienta y el ajo en un tazón mediano. Mezcle los ingredientes suavemente hasta que estén bien combinados. Divide la mezcla en ocho partes iguales. Forme ocho hamburguesas de ½ pulgada de grosor.

2. Calienta el aceite de oliva a fuego medio en una sartén extra grande hasta que esté caliente. Agrega la mitad de las hamburguesas; cocine de 8 a 10 minutos o hasta que esté bien dorado y bien cocido, volteando las salchichas a la mitad. Retirar de la sartén y colocar en un plato forrado con papel toalla para escurrir; cúbralo ligeramente con papel de aluminio para mantenerlo caliente mientras cocina las salchichas restantes.

CAZUELA DE CARNE DESHEBRADA A LA CUBANA

EMPEZAR A ACABAR:30 minutos rinden: 4 porciones

EL PECHO SOBRANTE ES IDEAL PARA SU USO.EN ESTA RECETA. PRUÉBALO DESPUÉS DE HABER COMIDO LA PECHUGA ESTOFADA MEXICANA CON ENSALADA DE MANGO, JÍCAMA, CHILE Y SEMILLAS DE CALABAZA ASADAS (VERRECETA) O WRAPS DE LECHUGA ROMANA CON PECHUGA DE RES DESMENUZADA Y HARISSA DE CHILE ROJO FRESCO (VERRECETA) PARA LA CENA.

- 1 manojo de col rizada o 4 tazas de espinacas crudas ligeramente compactadas
- 2 cucharadas de aceite de oliva virgen extra
- ½ taza de cebolla picada
- 2 pimientos verdes medianos, cortados en tiras
- 2 cucharaditas de orégano seco
- ½ cucharadita de comino molido
- ½ cucharadita de cilantro molido
- ½ cucharadita de pimentón ahumado
- 3 dientes de ajo, finamente picados
- 2 onzas de carne de res cocida, desmenuzada
- 1 cucharadita de piel de naranja finamente rallada
- ⅓ taza de jugo de naranja fresco
- 1 taza de tomates cherry partidos por la mitad
- 1 cucharada de jugo de limón fresco
- 1 aguacate maduro, sin semillas, pelado y rebanado

1. Retire y deseche los tallos gruesos de las hojas de col. Corta las hojas en trozos suficientemente grandes; poner a un lado.

2. Calienta el aceite de oliva a fuego medio en una sartén extra grande. Agrega la cebolla y el pimiento dulce; cocine de 3 a 5 minutos o hasta que las verduras estén tiernas. Agrega el orégano, el comino, el cilantro, el

pimentón ahumado y el ajo; revuelva bien. Agrega la carne de res desmenuzada, la ralladura de naranja y el jugo de naranja; revuelve para combinar. Agregue las hojas de col y los tomates. Cocine, tapado, durante 5 minutos o hasta que los tomates comiencen a chisporrotear y la col rizada esté tierna. Rocíe sobre jugo de lima. Servir con aguacate en rodajas.

SARTEN DE POLLO FRANCES

PREPARACION:40 minutos de cocción: 10 minutos de reposo: 2 minutos rinden: 4 a 6 porciones

ES CONVENIENTE TENER POLLO HERVIDOEN EL FRIGORIFICO PARA QUE LOS DESAYUNOS RICOS EN PROTEINAS SEAN MUCHO MAS RAPIDOS DE PREPARAR. YA SEAN SOBRAS DE POLLO FRITO CON AZAFRÁN Y LIMÓN (VER<u>RECETA</u>) O SIMPLEMENTE DE POLLO AL HORNO QUE PREPARAS ESPECIALMENTE PARA USAR EN PLATOS COMO ESTE, ES BUENO TENERLO A MANO.

- 1 paquete de 0,5 onzas de rebozuelos secos
- 8 gramos de espárragos frescos
- 2 cucharadas de aceite de oliva
- 1 cebolla de hinojo mediana, sin corazón y en rodajas finas
- ⅔ taza de puerros picados, solo las partes blancas y verdes claras
- 1 cucharada de hierbas provenzales
- 3 tazas de pollo cocido cortado en cubitos
- 1 taza de tomates picados con semillas
- ¼ de taza de caldo de huesos de pollo (ver<u>receta</u>) o caldo de pollo sin sal
- ¼ de taza de vino blanco seco
- 2 cucharaditas de piel de limón finamente rallada
- 4 tazas de acelgas rojas o arcoíris picadas en trozos grandes
- ¼ taza de albahaca fresca picada
- 2 cucharadas de menta fresca picada

1. Rehidratar los champiñones secos según las instrucciones del paquete; drenaje. Enjuague y escurra nuevamente; poner a un lado.

2. Mientras tanto, corte y deseche los extremos leñosos de los espárragos. Si lo desea, raspe las cáscaras. Corta los espárragos en trozos de 2 pulgadas. Cocine los espárragos en agua hirviendo en una olla

grande durante 3 minutos o hasta que estén tiernos; drenaje. Sumérgelo inmediatamente en agua helada para que deje de hervir; poner a un lado.

3. Calienta el aceite a fuego medio en una sartén extra grande. Agrega el hinojo, los puerros y las hierbas provenzales; cocine durante 5 minutos o hasta que el hinojo comience a dorarse, revolviendo ocasionalmente. Agrega los champiñones rehidratados, los espárragos, el pollo, los tomates, el caldo de huesos de pollo, el vino y la ralladura de limón. Déjalo hervir a fuego lento. Cubra y reduzca el fuego a bajo. Cocine a fuego lento durante 5 minutos o hasta que el hinojo y los espárragos estén tiernos y los tomates jugosos. Alejar del calor. Agregue las acelgas y déjelas por 2 minutos o hasta que se ablanden. Espolvorea sobre albahaca y menta.

TRUCHA CON BATATAS

PREPARACIÓN:35 minutos de horneado: 6 minutos de cocción: 1 minuto por tanda de papas rinde: 4 porciones

INCLUSO SI NO PESCASTE LA TRUCHAEN UN ARROYO DE MONTAÑA, ESTE PLATO TE HARÁ SENTIR COMO SI ESTUVIERAS DISFRUTANDO DE UN "DESAYUNO EN LA PLAYA" JUNTO A UN FUEGO CREPITANTE.

    4 filetes de trucha sin piel, frescos o congelados, de 6 onzas, de ¼ a ½ pulgada de grosor

    1½ cucharadita de condimento ahumado (ver<u>receta</u>)

    ¼ a ½ cucharadita de pimienta negra (opcional)

    3 cucharadas de aceite de coco refinado

    1½ libras de batatas blancas o amarillas, peladas

    Aceite de coco refinado para freír*

    Perejil fresco finamente picado

    cebollines en rodajas

1. Precaliente el horno a 400°F. Descongela el pescado, si está congelado. enjuagar el pescado; secar con toallas de papel. Espolvoree los filetes con condimento ahumado y posiblemente pimienta. Calienta 2 cucharadas de aceite a fuego medio-alto en una sartén extra grande. Coloque los filetes en la sartén y cocínelos, sin tapar, de 6 a 8 minutos o hasta que el pescado comience a desmenuzarse al probarlo con un tenedor. Retirar del horno.

2. Mientras tanto, corte las batatas a lo largo en tiras largas y delgadas usando un pelador de juliana o una mandolina equipada con el cortador de juliana. Envuelva las tiras de papa en una doble capa de toallas de papel y absorba el exceso de agua.

3. Caliente de 2 a 3 pulgadas de aceite de coco refinado a 365°F en una olla grande con lados de al menos 8 pulgadas. Agregue con cuidado las

papas, aproximadamente un cuarto a la vez, al aceite caliente. (El aceite subirá en la sartén). Freír aprox. De 1 a 3 minutos por porción o hasta que empiece a dorarse, revolviendo una o dos veces. Retire las patatas rápidamente con una espumadera larga y déjalas escurrir sobre toallas de papel. (Las papas pueden cocinarse demasiado rápidamente, así que verifíquelas con anticipación y con frecuencia). Asegúrese de recalentar el aceite a 365 °F antes de agregar cada tanda de papas.

4. Espolvorea la trucha con perejil y cebolla; sirva con gajos de camote.

*Consejo: Necesitará de dos a tres recipientes de 29 onzas de aceite de coco para tener suficiente aceite para freír.

FILETE DE SALMON CON SALSA DE TOMATILLO Y MANGO, HUEVOS ESCALFADOS Y TIRAS DE CALABACIN

PREPARACION:25 minutos de enfriamiento: 30 minutos de cocción: 16 minutos rinde: 4 porciones

PUEDE QUE ESTO NO SEA EL DESAYUNO.ANTES DE IR A TRABAJAR EN LA MAÑANA DE UN DIA LABORABLE, PERO ES UN BRUNCH DE FIN DE SEMANA IMPRESIONANTE Y ABSOLUTAMENTE DELICIOSO PARA AMIGOS O FAMILIARES.

10 gramos de salmón cocido*
2 claras de huevo
½ taza de harina de almendras
⅓ taza de camote rallado
2 cucharadas de cebollino en rodajas finas
2 cucharadas de cilantro fresco picado
2 cucharadas de Chipotle Paleo Mayo (ver receta)
1 cucharada de jugo de limón fresco
1 cucharadita de condimento mexicano (ver receta)
Pimienta negra
4 cucharadas de aceite de oliva
1 receta de cintas de calabacín (ver receta, abajo)
4 huevos escalfados (ver se receta de filetes de coliflor y huevos)
Salsa de tomatillo y mango (ver receta, abajo)
1 aguacate maduro, pelado, sin semillas y cortado en rodajas

1. Para los pasteles de salmón, use un tenedor en un tazón grande para desmenuzar el salmón cocido en trozos pequeños. Agrega las claras de huevo, la harina de almendras, el camote, la cebolla, el cilantro, el Chipotle Paleo Mayo, el jugo de limón, el condimento mexicano y la pimienta al gusto. Mezcle ligeramente para combinar. Divida la mezcla en ocho porciones; Forme una hamburguesa con cada porción. Coloque

los filetes en una bandeja para hornear forrada con papel de horno. Cubra y enfríe al menos 30 minutos antes de hornear. (Los pasteles se pueden enfriar 1 día antes de servir).

2. Precaliente el horno a 300°F. Calienta 2 cucharadas de aceite de oliva a fuego medio-alto en una sartén grande. Agrega la mitad de los pasteles al molde; cocinar aprox. 8 minutos o hasta que estén dorados, volteando los pasteles a mitad de la cocción. Transfiera los bizcochos a otra bandeja para hornear forrada con papel de horno y manténgalos calientes en el horno. Freír los pasteles restantes en las 2 cucharadas de aceite restantes como se indica.

3. Para servir, coloque las cintas de calabacín en un nido en cada uno de los cuatro platos para servir. Cubra cada uno con 2 pasteles de salmón, un huevo escalfado, un poco de salsa de tomatillo y mango y rodajas de aguacate.

Tiras de calabacín: Recorte los extremos de 2 calabacines. Con una mandolina o un pelador de verduras, corte tiras largas de cada calabacín. (Para mantener las cintas intactas, deja de afeitar cuando llegues al centro de la semilla en el centro de la calabaza). Calienta 1 cucharada de aceite de oliva a fuego medio-alto en una sartén grande. Agrega el calabacín y $\frac{1}{8}$ de cucharadita de comino molido; cocine de 2 a 3 minutos o hasta que esté crujiente, usando unas pinzas para mover suavemente las cintas para una cocción uniforme. Rocíe sobre jugo de lima.

Salsa de tomatillo y mango: Precaliente el horno a 450°F. Pela y corta por la mitad 8 tomatillos. En una bandeja para hornear, coloca los tomatillos; 1 taza de cebolla picada; 1 jalapeño fresco picado con semillas; y 2 dientes de ajo pelados. Rocíe con 1 cucharada de aceite de oliva; revuelva para cubrir. Ase las verduras durante unos 15 minutos o hasta que empiecen a estar suaves y doradas. Dejar enfriar durante 10 minutos. Transfiera las verduras y los jugos a un procesador de alimentos. Agregue ¾ de taza de mango pelado y picado y ¼ de taza de cilantro fresco. Cubra y presione para picar en trozos grandes. Transfiera la salsa a un tazón; agregue ¾ de taza adicional de mango pelado y picado. (La salsa se puede preparar con 1 día de anticipación y enfriar. Déjela a temperatura ambiente antes de servir).

*Consejo: Para salmón cocido, precaliente el horno a 425°F. Coloque un filete de salmón de 8 onzas en una bandeja para hornear forrada con papel pergamino. Hornee durante 6 a 8 minutos por cada ½ pulgada de espesor de pescado o hasta que el pescado se desmenuce fácilmente al probarlo con un tenedor.

MANZANA-LINO AGRIETADO

EMPEZAR A ACABAR:30 minutos rinden: 4 porciones

ESTOS FLAPJACKS SIN HARINA QUEDAN CRUJIENTESPOR FUERA Y TIERNA POR DENTRO. ELABORADOS CON MANZANA RALLADA Y SOLO UN POCO DE HARINA DE LINO Y HUEVO PARA UNIRLOS, SON UN DESAYUNO QUE DEVORARÁN LOS NIÑOS (Y TAMBIÉN LOS ADULTOS).

4 huevos grandes, ligeramente batidos
2 manzanas grandes sin piel, sin corazón y finamente picadas
½ taza de harina de lino
¼ de taza de nueces o pecanas finamente picadas
2 cucharaditas de piel de naranja finamente rallada
1 cucharadita de extracto puro de vainilla
1 cucharadita de cardamomo molido o canela
3 cucharadas de aceite de coco sin refinar
½ taza de mantequilla de almendras
2 cucharaditas de piel de naranja finamente rallada
¼ de cucharadita de cardamomo o canela molida

1. Combine los huevos, las manzanas ralladas, la harina de linaza, las nueces, la ralladura de naranja, la vainilla y 1 cucharadita de cardamomo en un tazón grande. Revuelva hasta que esté bien combinado. Deje reposar la masa durante 5 a 10 minutos para que espese.

2. Derrita 1 cucharada de aceite de coco en una plancha o sartén a fuego medio. Para cada Apple-Flax Jack, deje caer aproximadamente ⅓ de taza de masa sobre la rejilla, extendiéndola ligeramente. Freír a fuego medio durante 3 a 4 minutos por cada lado o hasta que los jacks estén dorados.

3. Mientras tanto, en un tazón pequeño apto para microondas, caliente la mantequilla de almendras a fuego lento hasta que se pueda untar. Sirva

encima de Apple-Flax Jacks y espolvoree con ralladura de naranja y cardamomo extra.

GRANOLA PALEO DE NARANJA Y JENGIBRE

PREPARACIÓN:15 minutos Hervir: 5 minutos Reposar: 4 minutos Hornear: 27 minutos Enfriar: 30 minutos Rinde: 8 (½ taza) porciones

ESTE "CEREAL" CRUJIENTE DE NUECES Y FRUTOS SECOSES DELICIOSO CUBIERTO CON LECHE DE ALMENDRAS O DE COCO Y SE COME CON UNA CUCHARA, PERO TAMBIÉN ES UN EXCELENTE DESAYUNO PARA LLEVAR O UN REFRIGERIO SECO.

⅔ taza de jugo de naranja fresco
1 trozo de jengibre fresco de ½ pulgada, pelado y en rodajas finas
1 cucharadita de hojas de té verde
2 cucharadas de aceite de coco sin refinar
1 taza de almendras crudas picadas en trozos grandes
1 taza de nueces de macadamia crudas
1 taza de pistachos crudos sin cáscara
½ taza de chips de coco sin azúcar
¼ de taza de orejones picados, sin azúcar y sin azúcar
2 cucharadas de higos secos, picados, secos, sin azúcar
2 cucharadas de pasas doradas sin azúcar y sin azúcar
Leche de almendras o leche de coco sin azúcar

1. Precaliente el horno a 325°F. Calienta el jugo de naranja en una cacerola pequeña hasta que hierva. Agrega rodajas de jengibre. Cocine a fuego lento, sin tapar, durante unos 5 minutos o hasta que se reduzca a aproximadamente ⅓ de taza. Alejar del calor; agregue hojas de té verde. Tapar y dejar reposar durante 4 minutos. Cuela la mezcla de jugo de naranja a través de un colador de malla fina. Deseche las hojas de té y las rodajas de jengibre. Agregue aceite de coco a la mezcla de jugo de naranja caliente y revuelva hasta que se derrita. Combine las almendras, las nueces de macadamia y los pistachos en un tazón grande. Agrega la

mezcla de jugo de naranja; revuelva para cubrir. Distribuya uniformemente en una fuente para hornear grande.

2. Hornee sin tapa durante 15 minutos, revolviendo a la mitad del tiempo de horneado. Agrega las chispas de coco; revuelva la mezcla y extiéndala en una capa uniforme. Hornee durante unos 12 a 15 minutos más o hasta que las nueces estén tostadas y doradas, revolviendo una vez. Agrega los albaricoques, los higos y las pasas; revuelva hasta que esté bien combinado. Extienda la granola sobre un trozo grande de papel de aluminio o papel pergamino limpio; enfriar completamente. Servir con leche de almendras o coco.

Para almacenar: Coloque la granola en un recipiente hermético; guárdelo a temperatura ambiente por hasta 2 semanas o en el congelador por hasta 3 meses.

MELOCOTONES Y FRUTOS ROJOS GUISADOS CON CRUJIENTE DE COCO Y ALMENDRAS TOSTADAS

PREPARACIÓN:20 minutos de horneado: 1 hora de cocción: 10 minutos rinden: 4 a 6 porciones

GUARDA ESTO PARA LA TEMPORADA DE DURAZNOS.- NORMALMENTE A FINALES DE JULIO, AGOSTO Y PRINCIPIOS DE SEPTIEMBRE EN LA MAYOR PARTE DEL PAÍS - CUANDO LOS MELOCOTONES ESTÁN EN SU PUNTO MÁS DULCE Y JUGOSO. ESTE ES UN DESAYUNO FANTÁSTICO, PERO TAMBIÉN SE PUEDE DISFRUTAR COMO POSTRE.

- 6 duraznos maduros
- ½ taza de duraznos secos sin azúcar y sin azufre, finamente picados*
- ¾ taza de jugo de naranja fresco
- ¼ de taza de aceite de coco sin refinar
- ½ cucharadita de canela molida
- 1 taza de hojuelas de coco sin azúcar
- 1 taza de almendras crudas picadas en trozos grandes
- ¼ de taza de semillas de girasol crudas sin sal
- 1 cucharada de jugo de limón fresco
- 1 vaina de vainilla, partida y sin semillas
- 1 taza de frambuesas, arándanos, moras y/o fresas picadas en trozos grandes

1. Hierva 8 tazas de agua en una olla grande. Con un cuchillo afilado, corte una X poco profunda en la parte inferior de cada melocotón. Sumerge los duraznos, de dos en dos, en agua hirviendo durante 30 a 60 segundos o hasta que la piel comience a partirse. Use una espumadera para transferir los duraznos a un tazón grande con agua helada. Cuando esté lo suficientemente frío como para manipularlo, use un cuchillo o los

dedos para quitar la piel; tirar la piel. Corta los duraznos en gajos, desechando los huesos; poner a un lado.

2. Precaliente el horno a 250°F. Forre una bandeja para hornear grande con papel de hornear. En un procesador de alimentos o licuadora, combine 1 taza de duraznos, duraznos secos, ¼ de taza de jugo de naranja, aceite de coco y canela. Cubra y procese o mezcle hasta que quede suave; poner a un lado.

3. Combine las hojuelas de coco, las almendras y las semillas de girasol en un tazón grande. Agregue la mezcla de puré de durazno. Mezcle para cubrir. Transfiera la mezcla de nueces a la bandeja para hornear preparada y extiéndala uniformemente. Hornee de 60 a 75 minutos o hasta que esté seco y crujiente, revolviendo ocasionalmente. (Tenga cuidado de no quemarse; la mezcla se volverá más quebradiza a medida que se enfríe).

4. Mientras tanto, coloque los trozos de durazno restantes en una cacerola medianamente pesada. Agregue la ½ taza restante de jugo de naranja, jugo de limón y la vaina de vainilla partida (con semillas). Llevar a ebullición a fuego medio, revolviendo ocasionalmente. Reduzca el fuego a bajo; cocine a fuego lento sin tapar durante 10 a 15 minutos o hasta que espese, revolviendo ocasionalmente. Retire la vaina de vainilla. Agregue las bayas. Cocine de 3 a 4 minutos o hasta que las bayas estén completamente calientes.

5. Para servir, vierta los duraznos guisados en tazones. Espolvorea cada porción con la mezcla de nueces.

*Nota: Si no puede encontrar duraznos secos sin azufre, puede usar ⅓ taza de orejones sin azufre, picados.

BATIDOS ENERGETICOS DE FRESA Y MANGO

PREPARACION:15 minutos de cocción: 30 minutos Rinde: 4 porciones (aproximadamente 8 onzas)

REMOLACHA EN ESTA BEBIDA PARA EL DESAYUNODÁNDOLE UN IMPULSO DE VITAMINAS Y MINERALES Y UN HERMOSO TONO ROJO. LA CLARA DE HUEVO EN POLVO PROPORCIONA PROTEÍNAS Y SE BATE A MEDIDA QUE SE MEZCLA LA BEBIDA, PARA OBTENER UN BATIDO MÁS LIGERO Y ESPUMOSO.

- 1 remolacha mediana, pelada y cortada en cuartos (aproximadamente 4 gramos)
- 2½ tazas de fresas frescas sin cáscara
- 1½ tazas de trozos de mango congelados sin azúcar*
- 1¼ tazas de leche de coco o leche de almendras sin azúcar
- ¼ de taza de jugo de granada sin azúcar
- ¼ taza de mantequilla de almendras sin sal
- 2 cucharaditas de clara de huevo en polvo

1. Cocine las remolachas, tapadas, en una pequeña cantidad de agua hirviendo en una cacerola mediana durante 30 a 40 minutos** o hasta que estén muy tiernas. remolacha de aguas residuales; Deje correr agua fría sobre la remolacha para que se enfríe rápidamente. Escurrir bien.

2. Combine la remolacha, las fresas, los trozos de mango, la leche de coco, el jugo de granada y la mantequilla de almendras en una licuadora. Cubra y procese hasta que quede suave, deteniéndose para raspar los lados de la licuadora según sea necesario. Agrega la clara de huevo en polvo. Cubra y mezcle hasta que se combinen.

*Nota: Para congelar trozos de mango fresco, coloque los mangos cortados en una sola capa en un molde para hornear de 15×10×1 pulgadas forrado con papel encerado. Cubra sin apretar y congele durante varias horas o hasta que esté muy firme. Transfiera los trozos de mango congelados a un recipiente hermético; congelar por hasta 3 meses.

**Nota: La remolacha se puede cocinar hasta con 3 días de anticipación. Enfriar la remolacha por completo. Conservar en un recipiente bien cerrado en el frigorífico.

BATIDOS DE DÁTILES

EMPEZAR A ACABAR:10 minutos rinden: 2 porciones (aproximadamente 8 onzas)

ESTA ES UNA VERSIÓN PALEOLOS BATIDOS CREMOSOS DE DÁTILES GENERALMENTE HECHOS CON HELADO QUE HAN SIDO POPULARES EN EL SUR DE CALIFORNIA DESDE LA DÉCADA DE 1930. CON DÁTILES, PLÁTANO CONGELADO, MANTEQUILLA DE ALMENDRAS, LECHE DE ALMENDRAS Y CLARA DE HUEVO EN POLVO, ESTA VERSIÓN ES DECIDIDAMENTE MÁS NUTRITIVA. PARA UNA VERSIÓN DE CHOCOLATE, AGREGUE 1 CUCHARADA DE CACAO EN POLVO SIN AZÚCAR.

⅓ taza de dátiles Medjool picados y deshuesados
1 taza de leche de almendras o coco sin azúcar (con vainilla si lo deseas)
1 plátano maduro, congelado y rebanado
2 cucharadas de mantequilla de almendras
1 cucharada de clara de huevo en polvo
1 cucharada de cacao en polvo sin azúcar (opcional)
½ cucharadita de jugo de limón fresco
⅛ a ¼ de cucharadita de nuez moscada molida*

1. Combine los dátiles y ½ taza de agua en un tazón pequeño. Cocine en el microondas a temperatura alta durante 30 segundos o hasta que los dátiles estén suaves; drenar el agua.

2. Mezcle los dátiles, la leche de almendras, las rodajas de plátano, la mantequilla de almendras, la clara de huevo en polvo, el cacao en polvo (si lo usa), el jugo de limón y la nuez moscada en una licuadora. Cubra y mezcle hasta que quede suave.

*Consejo: Si usa cacao en polvo, use ¼ de cucharadita de nuez moscada molida.

JALAPEÑOS RELLENOS DE CHORIZO

PREPARACION:30 minutos de horneado: 25 minutos rinden: 12 aperitivos

UN CHORRITO DE CREMA DE ANACARDO Y CILANTROENFRIA EL FUEGO DE ESTOS BOCADILLOS PICANTES. PARA OBTENER UN SABOR MAS SUAVE, REEMPLACE LOS JALAPEÑOS CON 6 PIMIENTOS MORRONES EN MINIATURA, SIN TALLOS, SIN SEMILLAS Y CORTADOS POR LA MITAD VERTICALMENTE.

- 2 cucharaditas de chile ancho en polvo*
- 1½ cucharadita de ajo granulado sin conservante
- 1½ cucharadita de comino molido
- ¾ cucharadita de orégano seco
- ¾ cucharadita de cilantro molido
- ½ cucharadita de pimienta negra
- ¼ cucharadita de canela molida
- ⅛ cucharadita de clavo molido
- 12 gramos de carne de cerdo molida
- 2 cucharadas de vinagre de vino tinto
- 6 chiles jalapeños grandes, cortados por la mitad horizontalmente y sin semillas** (deje los tallos intactos si es posible)
- ½ taza de crema de anacardos (ver receta)
- 1 cucharada de cilantro fresco finamente picado
- 1 cucharadita de piel de lima finamente rallada

1. Precaliente el horno a 400°F.

2. Para el chorizo, combine el chile en polvo, el ajo, el comino, el orégano, el cilantro, la pimienta negra, la canela y los clavos en un tazón pequeño. Coloque la carne de cerdo en un tazón mediano. Ábralo con cuidado con las manos. Espolvorea la mezcla de especias sobre la carne de cerdo;

agregue vinagre. Procese la mezcla de carne con cuidado hasta que las especias y el vinagre se distribuyan uniformemente.

3. Rellene el chorizo en mitades de jalapeño, divídalas uniformemente y mezcle ligeramente (el chorizo se encogerá a medida que se cocina). Coloque las mitades de jalapeños rellenos en una bandeja para hornear grande. Hornea de 25 a 30 minutos o hasta que el chorizo esté bien cocido.

4. Mientras tanto, combine la crema de anacardo, el cilantro y la ralladura de lima en un tazón pequeño. Rocíe los jalapeños rellenos con la mezcla de crema de anacardos antes de servir.

*Nota: Si lo desea, reemplace 2 cucharadas de pimentón y ¼ de cucharadita de cayena molida con chile ancho en polvo.

**Consejo: El chile contiene aceites que pueden quemar la piel, los ojos y el tejido sensible de la nariz. Evite en la medida de lo posible el contacto directo con los lados cortados y las semillas del chile. Si sus manos desnudas tocan cualquiera de estas partes del pimiento, lávese bien las manos con agua tibia y jabón.

TROZOS DE REMOLACHA FRITA CON CHISPAS DE NARANJA Y NUECES

PREPARACIÓN:20 minutos de horneado: 40 minutos de marinado: 8 horas rinde: 12 porciones

NUNCA SE DEBE UTILIZAR ACEITE DE NUEZ PARA COCINAR.CUANDO SE CALIENTA, SU ALTA CONCENTRACIÓN DE GRASAS POLIINSATURADAS LO HACE PROPENSO A LA OXIDACIÓN Y LA DESCOMPOSICIÓN, PERO ES ABSOLUTAMENTE MARAVILLOSO SI SE USA EN PLATOS QUE SE SIRVEN FRÍOS O A TEMPERATURA AMBIENTE, COMO ESTE.

- 3 remolachas grandes, cortadas y peladas (aproximadamente 1 libra)
- 1 cucharada de aceite de oliva
- ¼ taza de aceite de nuez
- 1½ cucharadita de piel de naranja finamente rallada
- ¼ de taza de jugo de naranja fresco
- 2 cucharaditas de jugo de limón fresco
- 2 cucharadas de nueces finamente picadas, tostadas*

1. Precaliente el horno a 425°F. Corta cada remolacha en 8 rodajas. (Si las remolachas son más pequeñas, córtelas en gajos de ½ pulgada. Tendrá aproximadamente 24 gajos en total). Coloque las remolachas en una fuente para hornear de 2 cuartos; rocíe con aceite de oliva y mezcle para cubrir. Cubre el plato con papel de aluminio. Hornee tapado durante 20 minutos. Agregue la remolacha y cocine sin tapar durante unos 20 minutos más o hasta que la remolacha esté tierna. Dejar enfriar un poco.

2. Mientras tanto, para la marinada, combine el aceite de nuez, la ralladura de naranja, el jugo de naranja y el jugo de limón en un tazón

pequeño. Vierta la marinada sobre las remolachas; cubra y refrigere durante 8 horas o toda la noche. Escurrir la marinada.

3. Coloque la remolacha en un recipiente para servir y espolvoree sobre las nueces tostadas. Servir con palillos.

*Consejo: Para tostar nueces, extiéndelas en una sartén poco profunda. Hornee en un horno a 350°F durante 5 a 10 minutos o hasta que esté ligeramente dorado, agitando el molde una o dos veces. Vigila con atención para que no se quemen.

TAZA DE COLIFLOR CON PESTO DE HIERBAS Y CORDERO

PREPARACION:45 minutos de asado: 15 minutos de asado: 10 minutos rinde: 6 porciones

LAS TAZAS DE COLIFLOR SON MUY LIGERAS.Y TIERNO. QUIZAS QUIERAS SERVIR ESTOS SABROSOS BOCADILLOS CON TENEDORES PARA QUE LOS INVITADOS PUEDAN DISFRUTAR HASTA EL ULTIMO BOCADO Y MANTENER INTACTOS SUS MODALES.

2 cucharadas de aceite de coco refinado, derretido
4 tazas de coliflor fresca picada en trozos grandes
2 huevos grandes
½ taza de harina de almendras
¼ cucharadita de pimienta negra
4 cebolletas
12 gramos de carne molida de cordero o cerdo molida
3 dientes de ajo, finamente picados
12 tomates cherry o uva, cortados en cuartos
1 cucharadita de especias mediterráneas (ver receta)
¾ taza de cilantro fresco envasado
½ taza de perejil fresco bien compactado
¼ de taza de menta fresca bien compacta
⅓ taza de piñones tostados (ver Consejos)
¼ taza de aceite de oliva

1. Precaliente el horno a 425°F. Cepille el fondo y los lados de doce moldes para muffins de 2½ pulgadas con aceite de coco. Poner a un lado. Coloque la coliflor en un procesador de alimentos. Cubra y presione hasta que la coliflor esté finamente picada pero no hecha puré. Llene una sartén grande con agua hasta una profundidad de 1 pulgada; hervir. Coloque una canasta de vapor en la olla sobre agua. Coloque la coliflor en una vaporera. Cubra y cocine al vapor durante 4 a 5 minutos o hasta que

estén tiernos. Retire la vaporera con coliflor de la olla y colóquela en un plato grande. Deja que la coliflor se enfríe un poco.

2. En un tazón grande, bata ligeramente los huevos con un batidor. Agregue la coliflor enfriada, la harina de almendras y la pimienta. Vierta la mezcla de coliflor de manera uniforme en los moldes para muffins preparados. Con los dedos y el dorso de una cuchara, presione la coliflor en el fondo y los lados de las tazas.

3. Hornee las tazas de coliflor durante 10 a 15 minutos o hasta que estén ligeramente doradas y los centros firmes. Colóquelo sobre una rejilla, pero no lo retire del molde.

4. Mientras tanto, corte la cebolleta en rodajas finas, manteniendo la parte inferior blanca separada de la parte superior verde. En una sartén grande, cocine el cordero, la base blanca en rodajas de las cebolletas y el ajo a fuego medio-alto hasta que la carne esté bien cocida, revolviendo con una cuchara de madera para desmenuzar la carne mientras se cocina. Escurrir la grasa. Agregue las partes verdes de las cebolletas, los tomates y las especias mediterráneas. Cocine y revuelva durante 1 minuto. Vierta la mezcla de cordero de manera uniforme en la taza de coliflor.

5. Para el pesto de hierbas, combine el cilantro, el perejil, la menta y los piñones en un procesador de alimentos. Tapar y procesar hasta que la mezcla esté finamente picada. Con el procesador en funcionamiento, agregue lentamente aceite a través del tubo de alimentación hasta que la mezcla esté bien mezclada.

6. Pasa un cuchillo fino y afilado por los bordes de las tazas de coliflor. Retire con cuidado las tazas de la sartén y colóquelas en un plato para servir. Vierta pesto de hierbas sobre las tazas de coliflor.

ADEREZO DE ALCACHOFA DE ESPINACA

EMPEZAR A ACABAR:20 minutos rinden: 6 porciones

PARECE QUE CASI TODOS LOS PARTIDOSINCLUYE UNA VERSION DE SALSA DE ESPINACAS Y ALCACHOFAS EN LA MESA, FRIA O CALIENTE, PORQUE A LA GENTE LE ENCANTA. DESAFORTUNADAMENTE, LAS VERSIONES COMERCIALES, E INCLUSO LA MAYORIA DE LAS VERSIONES CASERAS, NO TE AMAN. ÉSTE SI.

- 1 cucharada de aceite de oliva virgen extra
- 1 taza de cebolla dulce finamente picada
- 3 dientes de ajo, finamente picados
- 1 lata de 9 onzas de corazones de alcachofa congelados, descongelados
- ¾ taza de Paleo Mayo (ver_receta_)
- ¾ taza de crema de anacardos (ver_receta_)
- ½ cucharadita de piel de limón finamente rallada
- 2 cucharaditas de jugo de limón fresco
- 2 cucharaditas de condimento ahumado (ver_receta_)
- 2 latas de 10 onzas de espinacas congeladas picadas, descongeladas y bien escurridas
- Varias verduras en rodajas como pepino, zanahoria y pimiento rojo.

1. Calienta el aceite de oliva a fuego medio en una sartén grande. Agrega la cebolla; cocine y revuelva unos 5 minutos o hasta que esté transparente. Agrega el ajo; cocine por 1 minuto.

2. Mientras tanto, coloque las alcachofas escurridas en un procesador de alimentos equipado con una cuchilla para picar/batir. Cubra y presione hasta que esté finamente picado; poner a un lado.

3. Combine Paleo Mayo y Crema de Anacardos en un tazón pequeño. Agrega la ralladura de limón, el jugo de limón y el condimento ahumado; poner a un lado.

4. Agregue las alcachofas y las espinacas picadas a la mezcla de cebolla en la sartén. Agrega la mezcla de mayonesa; calentar a través. Servir con verduras picadas.

ALBONDIGAS ASIATICAS CON SALSA DE ANIS ESTRELLADO

PREPARACION:30 minutos de cocción: 5 minutos por tanda rinde: 8 porciones

PARA ESTA RECETA NECESITARASTALLOS Y COSTILLAS DE 1 MANOJO DE HOJAS DE MOSTAZA. HAGALO AL MISMO TIEMPO QUE PREPARA CHIPS DE MOSTAZA VERDE CON SESAMO (VER_RECETA_) O COMIENCE CON UN MANOJO DE HOJAS DE MOSTAZA Y PIQUE LAS HOJAS MAS PEQUEÑAS JUNTO CON LOS TALLOS Y LAS COSTILLAS PARA LAS ALBONDIGAS, Y GUARDE LAS HOJAS MAS GRANDES PARA FREIRLAS CON AJO COMO GUARNICION RAPIDA.

Tallos y costillas de 1 manojo de hojas de mostaza
1 trozo de jengibre fresco de 6 pulgadas, pelado y rebanado
12 gramos de carne de cerdo molida
12 gramos de pavo molido (carne blanca y oscura)
½ cucharadita de pimienta negra
4 tazas de caldo de huesos de res (ver_receta_) o caldo de res sin sal
anís de 2 estrellas
½ taza de cebolla finamente picada
3 cucharaditas de piel de naranja finamente rallada
2 cucharadas de vinagre de sidra de manzana
1 cucharadita de aceite de chile picante (ver_receta_, abajo) (opcional)
8 hojas de col rizada
1 cucharada de cebolla finamente picada
2 cucharaditas de pimiento rojo triturado

1. Picar en trozos grandes las hojas de mostaza y las costillas; poner en un procesador de alimentos. Cubra y procese hasta que esté finamente picado. (Deberías tener 2 tazas). Colócalas en un tazón grande. Coloca el jengibre en rodajas en el procesador de alimentos; cubra y procese hasta que esté picado. Agregue ¼ de taza de jengibre picado, carne de cerdo

molida, pavo molido y pimienta negra al tazón. Mezclar ligeramente hasta que esté bien combinado. Forme 32 mini albóndigas con la mezcla de carne, con aproximadamente 1 cucharada de mezcla de carne por cada albóndiga.

2. Para la salsa de anís estrellado, en una cacerola mediana, combine 2 cucharadas del jengibre picado reservado, 2 tazas de caldo de huesos de res, 1 anís estrellado, ¼ de taza de cebolletas, 2 cucharaditas de ralladura de naranja, la manzana. vinagre de sidra y, si lo desea, aceite de chile picante. Hervir; reduce el calor. Dejar hervir a fuego lento tapado mientras se cocinan las albóndigas.

3. Mientras tanto, combine las 2 cucharadas restantes de jengibre picado, 2 tazas de caldo, 1 anís estrellado, ¼ de taza de cebolletas y 1 cucharadita de ralladura de naranja en otra cacerola mediana. Hervir; agregue tantas albóndigas como floten en el líquido de cocción sin que se desborden. Cocine las albóndigas durante 5 minutos; retirar con una espumadera. Mantenga calientes las albóndigas cocidas en un tazón para servir mientras fríe las albóndigas restantes. Deseche el líquido de cocción.

4. Retire la salsa del fuego. Cuele y deseche los sólidos.

5. Para servir, coloque una hoja de col en un plato de entrada y coloque 4 albóndigas en cada hoja. Rocíe con salsa picante; espolvorea con cebolla y pimiento rojo triturado.

Aceite de Chile Picante: Calienta 2 cucharadas de aceite de girasol en una cacerola pequeña a fuego medio; agregue 2 cucharaditas de pimiento rojo triturado y 2 chiles anchos secos enteros. Cocine por 1 minuto o hasta que los chiles comiencen a chisporrotear (no deje que se doren o tendrá que empezar de nuevo). Agrega ¾ de taza de aceite de girasol; calentar hasta que esté completamente caliente. Alejar del calor; Dejar enfriar a temperatura ambiente. Cuela el aceite a través de un colador de malla fina; descarte el chile. Guarde el aceite en un recipiente hermético o en un frasco de vidrio en el refrigerador hasta por 3 semanas.

HUEVOS RELLENOS

EMPEZAR A ACABAR: 25 minutos rinden: 12 porciones

SI ELIGES HUEVOS RELLENOS DE WASABI, ASEGÚRESE DE BUSCAR UN POLVO DE WASABI QUE CONTENGA SOLO INGREDIENTES NATURALES, SIN SAL NI COLORANTES ARTIFICIALES. EL WASABI ES UNA RAÍZ QUE SE RALLA Y SE USA FRESCA O SECA Y MOLIDA HASTA CONVERTIRLA EN POLVO. SI BIEN ES DIFÍCIL ENCONTRAR WASABI EN POLVO 100% FUERA DE JAPÓN (Y MUY CARO), HAY POLVOS DE WASABI DISPONIBLES COMERCIALMENTE QUE SOLO CONTIENEN WASABI, RÁBANO PICANTE Y MOSTAZA SECA.

6 huevos duros, pelados*
¼ de taza de Paleo Mayo (ver receta)
1 cucharadita de mostaza estilo Dijon (ver receta)
1 cucharadita de vinagre de sidra o vinagre de vino blanco
½ cucharadita de pimienta negra
Pimentón ahumado o ramitas de perejil fresco

1. Cortar los huevos por la mitad horizontalmente. Retire las yemas y colóquelas en un tazón mediano. Coloca las claras en un plato para servir.

2. Triturar las yemas con un tenedor. Agregue Paleo Mayo, mostaza estilo Dijon, vinagre y pimienta negra. Mezclar bien.

3. Vierta la mezcla de yemas en las mitades de clara de huevo. Cubra y enfríe hasta servir. Adorne con pimentón o ramitas de perejil.

Huevos rellenos de wasabi: prepárelos como se indica, excepto que omita la mostaza estilo Dijon y use ¼ de taza más 1 cucharadita de Paleo Mayo. Combine 1 cucharadita de wasabi en polvo y 1 cucharadita de agua en un tazón pequeño para hacer una pasta. Agregue la mezcla de yema de huevo, junto con ¼ de taza de cebolletas en rodajas finas. Adorne con cebolletas en rodajas.

Huevos rellenos de chipotle: prepárelos como se indica, excepto que agregue ¼ de taza de cilantro finamente picado, 2 cucharadas de cebolla morada finamente picada y ½ cucharadita de chile chipotle molido a la mezcla de yemas. Espolvorea más chiles chipotles molidos.

Huevos rellenos de aguacate ranch: reduzca Paleo Mayo a 2 cucharadas y omita la mostaza y el vinagre estilo Dijon. Agrega ¼ de taza de puré de aguacate, 2 cucharadas de cebollino fresco picado, 1 cucharada de jugo de limón fresco, 1 cucharada de perejil picado, 1 cucharadita de eneldo picado, ½ cucharadita de cebolla en polvo y ¼ de cucharadita de ajo en polvo a la mezcla de yema de huevo. Adorne con cebollino finamente picado.

*Consejo: Para hervir huevos duros, colóquelos en una sola capa en una olla grande. Cubrir con agua fría por 1 pulgada. Llevar a ebullición a fuego alto. Alejar del calor. Cubra y deje reposar por 15 minutos; drenaje. Deje correr agua fría sobre los huevos; vacío de nuevo.

ROLLITOS DE BERENJENA FRITA Y ROMESCO

PREPARACIÓN:45 minutos de asado: 10 minutos de asado: 15 minutos rinden: unos 24 panecillos

EL ROMESCO ES UNA SALSA TRADICIONALMENTE ESPAÑOLA.ELABORADO CON PIMIENTOS ROJOS ASADOS EN PURÉ CON TOMATES, ACEITE DE OLIVA, ALMENDRAS Y AJO. ESTA RECETA RINDE APROXIMADAMENTE 2½ TAZAS DE SALSA. GUARDE LA SALSA SOBRANTE EN UN RECIPIENTE HERMÉTICAMENTE CERRADO EN EL REFRIGERADOR HASTA POR 1 SEMANA. ÚSELO EN CARNES, AVES, PESCADOS O VERDURAS ASADOS O A LA PARRILLA.

    3 pimientos rojos, cortados por la mitad, sin tallos y sin semillas
    4 tomates roma, sin semillas
    1 berenjena de 1 kilo, con las puntas recortadas
    ½ taza de aceite de oliva virgen extra
    1 cucharada de especias mediterráneas (ver_receta_)
    ¼ de taza de almendras tostadas (ver_Consejos_)
    3 cucharadas de vinagreta de ajo asado (ver_receta_)
    Aceite de oliva virgen extra

1. Para la salsa romesco, precaliente el asador con la rejilla del horno colocada a 4 a 5 pulgadas del elemento calefactor. Forre una bandeja para hornear con borde con papel de aluminio. Coloque los pimientos dulces, con los lados cortados hacia abajo, y los tomates en la bandeja para hornear preparada. Hornee por unos 10 minutos o hasta que la piel esté negra. Retire la bandeja para hornear del asador y envuelva las verduras en papel de aluminio; poner a un lado.

2. Baje la temperatura del horno a 400°F. Con una mandolina o un rebanador, corte la berenjena a lo largo en rodajas de ¼ de pulgada. (Debería tener entre 12 y 14 rebanadas). Forre dos bandejas para

hornear con papel de aluminio; Coloque las rodajas de berenjena en una sola capa sobre bandejas para hornear preparadas. Unte ambos lados de las rodajas de berenjena con aceite de oliva; espolvorear con especias mediterráneas. Hornee durante unos 15 minutos o hasta que estén tiernas, volteando las rebanadas una vez. Deje las berenjenas al horno a un lado para que se enfríen.

3. Combine los pimientos y tomates asados, las almendras y la vinagreta de ajo asado en un procesador de alimentos. Cubra y procese hasta que quede suave, agregando aceite de oliva adicional según sea necesario para hacer una salsa suave.

4. Unte cada rodaja de berenjena frita con aproximadamente 1 cucharadita de salsa romesco. Comenzando desde el extremo corto de las rodajas de berenjena asada, enrolle cada rodaja en espiral y córtela por la mitad en forma transversal. Asegure cada rollo con un palillo de madera.

WRAPS DE CARNE VEGETARIANA

EMPEZAR A ACABAR:15 minutos rinden: 6 porciones (12 envolturas)

ESTOS PANECILLOS CRUJIENTES ESTÁN ESPECIALMENTE BUENOSHECHO CON SOBRAS DE LOMO DE RES ASADO A FUEGO LENTO (VER<u>RECETA</u>). ENFRIAR LA CARNE ANTES DE CORTARLA AYUDA A QUE SE CORTE MÁS LIMPIAMENTE, DE MODO QUE LAS REBANADAS DE FILETE SEAN LO MÁS DELGADAS POSIBLE.

- 1 pimiento rojo pequeño, alineado, cortado por la mitad y sin semillas
- 2 trozos de pepino inglés de 3 pulgadas, cortados por la mitad a lo largo y sin semillas
- 2 trozos de zanahoria de 3 pulgadas, pelados
- ½ taza de brotes de rábano daikon
- 1 libra de lomo de rosbif sobrante u otro rosbif sobrante, frío
- 1 aguacate, pelado, sin semillas y cortado en 12 rodajas
- Salsa chimichurri (ver<u>receta</u>)

1. Corte el pimiento rojo, el pepino y la zanahoria en trozos largos del tamaño de una cerilla.

2. Cortar el rosbif en rodajas finas (necesitas 12 rodajas). Si es necesario, recorte las rodajas para hacer trozos de aproximadamente 4×2 pulgadas. Para cada envoltura, coloque 4 rebanadas de filete en una sola capa sobre una superficie de trabajo limpia y seca. En el medio de cada trozo coloca una rodaja de aguacate, un trozo de pimiento rojo, un trozo de pepino, un trozo de zanahoria y algunos de los brotes. Enrolle el bistec sobre las verduras. Coloque los wraps en un plato, una los lados hacia abajo (asegúrelos con palillos si es necesario). Repita dos veces para hacer 12 vueltas en total. Sirva con salsa chimichurri para mojar.

TROZOS DE ESCAROLA DE VIEIRAS Y AGUACATE

EMPEZAR A ACABAR: 25 minutos rinden: 24 aperitivos

LAS HOJAS DE ESCAROLA SON BUENAS BOLAS PARA COMER TODO TIPO DE RELLENOS SIN TENEDOR. AQUÍ TIENEN UN SABOR CÍTRICO DE AGUACATE Y PIMIENTO DULCE REMATADO CON VIEIRAS CAJÚN FRITAS RÁPIDAMENTE. EL RESULTADO ES CREMOSO Y CRUJIENTE, FRESCO Y CÁLIDO.

- 1 libra de vieiras frescas o congeladas
- 1 a 2 cucharaditas de condimento cajún (ver receta)
- 24 hojas de escarola de tamaño mediano a grande (de 3 a 4 cabezas de escarola)*
- 1 aguacate maduro, pelado, sin semillas y picado
- 1 pimiento morrón rojo o naranja, finamente picado
- 2 cebollas verdes, picadas
- 2 cucharadas de vinagreta de cítricos brillantes (ver receta) o jugo de lima fresco
- 1 cucharada de aceite de oliva virgen extra

1. Descongele las vieiras, si están congeladas. Enjuague las vieiras y séquelas con toallas de papel. En un tazón mediano, mezcle las vieiras con el condimento cajún; poner a un lado.

2. Coloque las hojas de escarola en un plato grande. En un tazón mediano, mezcle suavemente el aguacate, el pimiento dulce, la cebolla verde y la vinagreta de cítricos brillantes. Vierta sobre las hojas de escarola.

3. Calienta el aceite de oliva en una sartén grande a fuego medio-alto.** Agrega las vieiras; cocine de 1 a 2 minutos o hasta que esté opaco, revolviendo con frecuencia. Vierta las vieiras sobre la mezcla de

aguacate sobre las hojas de escarola. Sirva inmediatamente o cubra y enfríe por hasta 2 horas. Rinde 24 aperitivos.

*Nota: Guarde las hojas más pequeñas para picarlas y mezclarlas con una ensalada.

**Nota: Las vieiras tienen una textura delicada y pueden pegarse fácilmente al cocinarlas. Una sartén de hierro fundido bien curada con superficie antiadherente es una excelente opción para este trabajo.

CHIPS DE CHAMPIÑONES OSTRA CON HIERBAS Y ALIOLI DE LIMON

PREPARACIÓN:10 minutos de horneado: 30 minutos de enfriamiento: 5 minutos rinde: 4 a 6 porciones

HAZLOS EN PRIMAVERA Y OTOÑO,CUANDO ABUNDAN LAS SETAS OSTRA. ADEMAS DE SER MUY SABROSOS FRITOS CON ACEITE DE OLIVA Y HIERBAS FRESCAS, LOS HONGOS OSTRA SON UNA BUENA FUENTE DE PROTEINAS (HASTA UN 30 % DE PROTEINA EN PESO SECO) Y CONTIENEN UN COMPUESTO LLAMADO LOVASTATINA, QUE PUEDE AYUDAR A REDUCIR LOS NIVELES DE COLESTEROL EN SANGRE.

1 libra de champiñones ostra, sin tallo
2 cucharadas de aceite de oliva virgen extra
3 cucharadas de romero, tomillo, salvia y/u orégano fresco picado
½ taza de Paleo Aïoli (mayonesa de ajo) (ver receta)
½ cucharadita de piel de limón finamente rallada
1 cucharada de jugo de limón fresco

1. Precaliente el horno a 400°F. Coloque una rejilla de metal sobre una bandeja para hornear grande; poner a un lado. Combine los champiñones, el aceite de oliva y las hierbas frescas en un tazón grande. Mezcle para cubrir los champiñones de manera uniforme. Extienda los champiñones en una sola capa sobre una bandeja para horno forrada con papel de horno.

2. Hornee durante 30 a 35 minutos o hasta que los champiñones estén dorados, chisporroteando y ligeramente crujientes. Deje enfriar durante 5 a 10 minutos antes de servir (los champiñones se pondrán crujientes a medida que se enfríen).

3. Para el alioli de limón, combine Paleo Aïoli, ralladura de limón y jugo de limón en un tazón pequeño. Sirva con chips de champiñones.

CHIPS DE TUBERCULOS

PRINCIPIO A FIN: 30 MINUTOS

ESTOS CHIPS CRUJIENTES SON CADA BOCADOTAN DELICIOSOS COMO LOS QUE SE COMPRAN EN LA BOLSA, SIN FREIRLOS EN UN ACEITE POTENCIALMENTE NOCIVO PARA LA SALUD (COMO EL DE COLZA O CARTAMO) Y SIN SAZONARLOS CON SAL. EMPIEZA CON RODAJAS MUY FINAS PARA QUE QUEDEN LO MAS CRUJIENTES POSIBLE.

- Batata, remolacha, chirivía, zanahoria, nabo, chirivía o colinabo, lavados y pelados
- Aceite de oliva virgen extra
- Mezcla de especias opcional (ver recetas)

1. Con una mandolina o un cuchillo de chef afilado, corte finamente las verduras en rodajas de 1/16 a 1/32 de pulgada. Transfiera las rodajas a un recipiente con agua helada mientras trabaja para eliminar el almidón de la superficie de las rodajas.

2. Utilice una centrifugadora para ensaladas y seque las rodajas (o séquelas entre toallas de papel o toallas de algodón limpias). Forre un plato apto para microondas con una toalla de papel. Coloca tantas rodajas de verdura como puedas sin tocar el plato. Unte con aceite de oliva y espolvoree ligeramente con especias.

3. Cocine en el microondas a temperatura alta durante 3 minutos. Voltee las rebanadas y colóquelas en el microondas a temperatura media durante 2 a 3 minutos, retirando las rebanadas que comiencen a dorarse rápidamente. Continúe friendo a fuego medio en intervalos de 1 minuto hasta que las patatas estén crujientes y ligeramente doradas, teniendo cuidado de no quemar las especias. Deje que las papas fritas cocidas se enfríen en el plato hasta que estén completamente crujientes, luego

transfiéralas a un tazón para servir. Repita con las rodajas de verduras restantes.

CHIPS VERDES DE MOSTAZA CON SESAMO

PREPARACION:10 minutos de horneado: 20 minutos Rinde: 4 a 6 porciones

SON SIMILARES A LOS CHIPS CRUJIENTES DE COL RIZADA.PERO MAS DELICADO. PARA MANTENERLOS CRUJIENTES, GUARDELOS EN UNA BOLSA DE PAPEL ENROLLADA Y NO EN UN RECIPIENTE HERMETICAMENTE CERRADO, YA QUE ESTO HARA QUE SE MARCHITEN.

- 1 manojo de hojas de mostaza, sin tallos ni nervaduras*
- 2 cucharadas de aceite de oliva virgen extra
- 2 cucharaditas de semillas de sésamo blanco
- 1 cucharadita de semillas de sésamo negro

1. Precaliente el horno a 300°F. Forre dos bandejas para hornear de 15 × 10 × 1 pulgada con papel pergamino.

2. Rallar las hojas de mostaza en trozos suficientemente grandes. Combine las verduras y el aceite de oliva en un tazón grande. Mezcle para cubrir, frote suavemente el aceite sobre la superficie de las hojas. Espolvorea con semillas de sésamo; revuelva ligeramente para cubrir.

3. Coloque las hojas de mostaza en una sola capa sobre las bandejas para hornear preparadas. Hornee durante unos 20 minutos o hasta que esté más oscuro y crujiente, volteándolo una vez. Sirva inmediatamente o guarde las papas fritas enfriadas en una bolsa de papel por hasta 3 días.

*Nota: Los tallos y las costillas se pueden utilizar para hacer las albóndigas asiáticas con salsa de anís estrellado (ver receta).

PEPITAS FRITAS PICANTES

PREPARACIÓN:5 minutos de horneado: 20 minutos rinden: 2 tazas

ESTAS SON SÓLO COSAS PARA COMERCUANDO TIENES HAMBRE Y ESTÁS PREPARANDO LA CENA. LAS PEPITAS SON SEMILLAS DE CALABAZA SIN CÁSCARA, PERO PUEDES SUSTITUIRLAS POR UNA NUEZ COMO ALMENDRAS O NUECES SI LO PREFIERES.

1 clara de huevo
2 cucharaditas de jugo de lima fresco
1 cucharadita de comino molido
½ cucharadita de chile en polvo sin sal agregada
½ cucharadita de pimentón ahumado
½ cucharadita de pimienta negra
¼ cucharadita de pimienta de cayena
¼ cucharadita de canela molida
2 tazas de pepitas crudas (semillas de calabaza sin cáscara)

1. Precaliente el horno a 350°F. Forre una bandeja para hornear con papel de hornear; poner a un lado.

2. En un tazón mediano, bata las claras hasta que estén espumosas. Agrega el jugo de lima, el comino, el chile en polvo, el pimentón, la pimienta negra, la pimienta de cayena y la canela. Batir hasta que esté bien combinado. Agrega las pepitas. Revuelve hasta que todas las pepitas estén bien cubiertas. Extienda las pepitas uniformemente sobre la bandeja para hornear preparada.

3. Hornear durante aprox. 20 minutos o hasta que estén dorados y crujientes, revolviendo con frecuencia. Mientras las pepitas aún estén calientes, separe los grumos.

4. Deje enfriar por completo. Guárdelo en un recipiente hermético a temperatura ambiente por hasta 1 semana.

NUECES CON HIERBAS Y CHIPOTLE

PREPARACIÓN:10 minutos de horneado: 12 minutos Rinde: 4 a 6 porciones (2 tazas)

EL CHILE CHIPOTLE SON JALAPEÑOS SECOS Y AHUMADOS.AUNQUE SE HAN VUELTO MUY POPULARES COMERCIALMENTE ENLATADOS EN SALSA ADOBO -QUE CONTIENE AZÚCAR, SAL Y ACEITE DE SOJA-, EN SU FORMA MÁS PURA, NO LLEVAN MÁS INGREDIENTES QUE EL PROPIO CHILE. LE DAN UN SABOR MARAVILLOSO Y HUMEANTE A LA COMIDA.

- 1 clara de huevo
- 2 cucharadas de aceite de oliva virgen extra
- 2 cucharaditas de tomillo fresco picado
- 1 cucharadita de romero fresco picado
- 1 cucharadita de chile chipotle molido
- 1 cucharadita de piel de naranja finamente rallada
- 2 tazas de nueces enteras sin sal (almendras, pecanas, nueces y/o anacardos)

1. Precaliente el horno a 350°F. Forre una bandeja para hornear de 15 × 10 × 1 pulgada con papel de aluminio; deja la sartén a un lado.

2. En un tazón mediano, bata las claras hasta que estén espumosas. Agrega el aceite de oliva, el tomillo, el romero, el chile chipotle molido y la ralladura de naranja. Batir hasta que se combinen. Agregue las nueces y revuelva para cubrir. Extienda las nueces en una sola capa en el molde preparado.

3. Hornee durante 20 minutos o hasta que las nueces estén doradas y crujientes, revolviendo con frecuencia. Mientras aún esté caliente, separe los grumos. Dejar enfriar por completo.

4. Guárdelo en un recipiente hermético a temperatura ambiente hasta por 1 semana.

HUMMUS DE PIMIENTO ROJO ASADO CON VERDURAS

PREPARACIÓN: 20 minutos asado: 20 minutos reposado: 15 minutos
rinde: 4 porciones

SI QUIERES PUEDES HACER ESTE SABROSO DIP HASTA CON 3 DÍAS DE ANTICIPACIÓN. PREPÁRELO COMO SE INDICA EN EL PASO 2, LUEGO TRANSFIÉRALO A UN TAZÓN PARA SERVIR. CUBRA Y REFRIGERE POR HASTA 2 DÍAS. AGREGUE EL PEREJIL JUSTO ANTES DE SERVIR.

- 1 pimiento rojo dulce mediano, sin semillas y cortado en cuartos
- 3 dientes de ajo, pelados
- ¼ de cucharadita de aceite de oliva virgen extra
- ½ taza de almendras rebanadas
- 3 cucharadas de piñones
- 2 cucharadas de mantequilla de piñones (ver receta)
- 1 cucharadita de piel de limón finamente rallada
- 2 a 3 cucharadas de jugo de limón fresco
- ¼ taza de perejil fresco picado
- Palitos de verduras frescas (zanahorias, pimientos, pepino, apio y/o calabacín)

1. Precaliente el horno a 425°F. Forre una fuente para hornear pequeña con papel de aluminio; Coloque los cuartos de pimiento, con los lados cortados hacia abajo, sobre el papel de aluminio. Coloque los dientes de ajo en un pequeño trozo de papel de aluminio; rocíe con aceite de oliva. Envuelva los dientes de ajo con papel de aluminio. Coloca un paquete de ajos en la sartén con los cuartos de pimiento. Ase el pimiento y el ajo durante 20 a 25 minutos o hasta que el pimiento esté carbonizado y muy tierno. Coloque el paquete de ajo sobre una rejilla para que se enfríe. Coloque el papel de aluminio alrededor de los cuartos de pimiento y doble los bordes para cerrarlos. Déjelo durante unos 15 minutos o hasta que esté lo suficientemente frío como para manipularlo. Utilice un

cuchillo afilado para aflojar los bordes de la piel de los pimientos; Retire con cuidado la piel en tiras y deséchelas.

2. Mientras tanto, tuesta los piñones a fuego medio durante 3 a 5 minutos en una sartén pequeña o hasta que estén ligeramente tostados. Dejar enfriar un poco.

3. Transfiera las nueces tostadas a un procesador de alimentos. Cubra y procese hasta que esté finamente picado. Agrega los cuartos de pimiento, los dientes de ajo, la mantequilla de piñones, la ralladura de limón y el jugo de limón. Cubra y procese hasta que quede muy suave, deteniéndose para raspar los lados del tazón de vez en cuando.

4. Transfiera la mezcla de nueces a un tazón para servir; agregue el perejil. Sirva con verduras frescas para mojar.

HELADO DE JENGIBRE Y HIBISCO

PREPARACIÓN:10 minutos Reposar: 20 minutos Rinde: 6 porciones (8 onzas)

LAS FLORES DE HIBISCO SECAS SON MUY REFRESCANTES YTE DE SABOR AMARGO POPULAR EN MEXICO Y OTRAS PARTES DEL MUNDO. LA INFUSION DE JENGIBRE LE DA UN POCO DE CHISPA. LOS ESTUDIOS HAN SUGERIDO QUE EL HIBISCO ES BENEFICIOSO PARA MANTENER LA PRESION ARTERIAL Y EL COLESTEROL SALUDABLES, Y ES MUY RICO EN VITAMINA C.

   6 tazas de agua fría
   1 taza de flores de hibisco secas y sin cortar (flor de jamaica)
   2 cucharadas de jengibre fresco pelado y rallado grueso
   Cubos de hielo
   Rodajas de naranja y lima

1. Hervir 2 tazas de agua. Combine las flores de hibisco y el jengibre en un recipiente grande. Vierta agua hirviendo sobre la mezcla de hibisco; tapar y dejar actuar 20 minutos.

2. Cuele la mezcla a través de un colador de malla fina y colóquela en una jarra grande. Desechar los sólidos. Agrega las 4 tazas restantes de agua fría; Mezclar bien.

3. Sirva el té en vasos altos con hielo. Adorne con rodajas de naranja y lima.

AGUA FRESCA FRESA-MELÓN-MENTA

EMPEZAR A ACABAR: 20 minutos rinden: aproximadamente 8 porciones (10 tazas)

AGUA FRESCA SIGNIFICA "AGUA DULCE" EN ESPAÑOL, Y SI SE PUEDE MEJORAR EL AGUA PARA REFRESCARSE, AQUÍ ESTÁ. LA MAYORÍA DE LAS AGUAS FRESCAS CONTIENEN AZÚCAR AGREGADA JUNTO CON FRUTA, PERO ÉSTAS SOLO DEPENDEN DEL AZÚCAR NATURAL DE LA FRUTA. EN UN DÍA CALUROSO, NADA SABE MEJOR Y SON UNA BUENA BEBIDA SIN ALCOHOL PARA FIESTAS.

2 libras de fresas frescas, peladas y cortadas por la mitad
3 tazas de melón dulce cortado en cubitos
6 tazas de agua fría
1 taza de hojas de menta fresca, trituradas
Jugo de 2 limas, más rodajas para servir.
Cubos de hielo
ramitas de menta
Rodajas de limón

1. Combine las fresas, el melón y 2 tazas de agua en una licuadora. Cubra y mezcle hasta que quede suave. Cuele la mezcla a través de un colador de malla fina y colóquela en una jarra o frasco de vidrio grande. Desechar los sólidos.

2. Combine 1 taza de hojas de menta, jugo de lima y 1 taza de agua en una licuadora. Colar la mezcla a través del colador de malla fina e incorporarla a la mezcla de fresa y melón.

3. Agregue 3 tazas de agua. Sirva inmediatamente o refrigere hasta que esté listo para servir. Sirva en vasos altos con hielo. Adorne con ramitas de menta y rodajas de lima.

AGUA FRESCA DE SANDÍA Y ARÁNDANOS

PREPARACION:20 minutos Enfriado: de 2 a 24 horas Rinde: 6 porciones

EL PURE DE FRUTAS PARA ESTA BEBIDA.SE PUEDE REFRIGERAR ENTRE 2 Y 24 HORAS. ES UN POCO DIFERENTE A ALGUNAS AGUAS FRESCAS EN QUE CONTIENE AGUA CARBONATADA MEZCLADA CON LA FRUTA PARA OBTENER UNA BEBIDA GASEOSA. ASEGÚRESE DE COMPRAR AGUA MINERAL CON GAS NATURAL, NO AGUA CON GAS NI AGUA CON GAS, QUE TIENE UN ALTO CONTENIDO DE SODIO.

6 tazas de sandía picada con semillas
1 taza de arándanos frescos
¼ de taza de hojas de menta fresca, sueltas
¼ de taza de jugo de limón fresco
12 gramos de agua mineral con gas natural, fría
Cubos de hielo
Hojas de menta
rodajas de lima

1. Combine los cubos de sandía, los arándanos, ¼ de taza de menta y el jugo de lima en una licuadora o procesador de alimentos y procese en tandas si es necesario. Haga puré hasta que quede suave. Refrigere el puré de fruta durante 2 a 24 horas.

2. Para servir, agregue agua con gas fría a la mezcla de puré de frutas. Vierta en vasos altos sobre hielo. Adorne con más hojas de menta y rodajas de lima.

AGUA FRESCA DE PEPINO

PREPARACIÓN: 15 minutos de frío: 1 hora rinde: 6 porciones

LA ALBAHACA FRESCA TIENE SABOR A REGALIZ. QUE COMBINA MARAVILLOSAMENTE CON FRUTAS DE TODO TIPO, ESPECIALMENTE FRESAS, MELOCOTONES, ALBARICOQUES Y MELONES.

- 1 pepino grande sin semillas (inglés), pelado y rebanado (unas 2 tazas)
- 1 taza de frambuesas
- 2 albaricoques maduros, sin hueso y en cuartos
- ¼ de taza de jugo de limón fresco
- 1 cucharada de albahaca fresca picada
- ½ cucharadita de tomillo fresco picado
- 2 a 3 tazas de agua
- Cubos de hielo

1. Combine el pepino, las frambuesas, los albaricoques, el jugo de lima, la albahaca y el tomillo en una licuadora o procesador de alimentos. Agrega 2 tazas de agua. Cubra y licue o procese hasta que quede suave. Agregue más agua, si lo desea, hasta obtener la consistencia deseada.

2. Enfríe durante al menos 1 hora o hasta 1 semana. Sirva en vasos altos con hielo.

CHAI DE COCO

EMPEZAR A ACABAR: 25 minutos rinden: 5 a 6 porciones
(aproximadamente 5½ tazas)

ESTE CHAI NO CONTIENE TÉ.—SOLO LECHE DE COCO BIEN CONDIMENTADA Y UN CHORRITO DE JUGO DE NARANJA FRESCO. PARA OBTENER UNA COBERTURA ESPUMOSA, SE PUEDE BATIR MÁS LECHE DE COCO Y VERTERLA ENCIMA DE CADA PORCIÓN.

- 12 vainas de cardamomo enteras
- 10 anís estrellado entero
- 10 dientes enteros
- 2 cucharaditas de granos de pimienta negra
- 1 cucharadita de pimienta de Jamaica entera seca
- 4 tazas de agua
- 3 palitos de canela de 2½ pulgadas
- 2 tiras de cáscara de naranja de 2 pulgadas de largo y 1 pulgada de ancho
- 1 trozo de jengibre fresco de 3 pulgadas, cortado en rodajas finas
- ½ cucharadita de nuez moscada molida
- 1 lata de 15 onzas de leche de coco entera
- ½ taza de jugo de naranja fresco
- 2 cucharaditas de extracto puro de vainilla

1. Combine las vainas de cardamomo, el anís estrellado, los clavos, los granos de pimienta y la pimienta de Jamaica en un molinillo de especias eléctrico. Pulse hasta que esté muy molido. (O en una bolsa de plástico grande con cierre, combine las vainas de cardamomo, el anís estrellado, los clavos, los granos de pimienta y la pimienta de Jamaica. Use un mazo para carne o el fondo de una sartén resistente para triturar las especias). Transfiera las especias a una cacerola mediana. .

2. Tostar ligeramente las especias trituradas en la cacerola a fuego medio-bajo durante aprox. 2 minutos o hasta que esté fragante, revolviendo con frecuencia. No quemar. Agrega el agua, las ramas de canela, la piel de naranja, el jengibre y la nuez moscada. Hervir; reduce el calor. Cocine a fuego lento descubierto durante 15 minutos.

3. Agrega la leche de coco, el jugo de naranja y el extracto de vainilla. Cocine hasta que esté completamente caliente. Colar con un colador de malla fina y servir inmediatamente.

SOLOMILLO DE TERNERA ASADO A FUEGO LENTO

PREPARACIÓN:10 minutos Reposar: 50 minutos Hornear: 1 hora 45 minutos Rinde: 8 a 10 porciones

ESTE ES UN ASADO PARA OCASIONES ESPECIALES,PARA ESTAR SEGURO. DEJARLO A TEMPERATURA AMBIENTE LOGRA DOS COSAS: PERMITE QUE EL CONDIMENTO LE DÉ SABOR A LA CARNE ANTES DE ASARLA Y TAMBIÉN ACORTA EL TIEMPO DE ASADO PARA QUE EL ASADO QUEDE LO MÁS TIERNO Y JUGOSO POSIBLE. LA CARNE DE ESTA CALIDAD NO DEBE CONSUMIRSE MÁS QUE A MEDIO COCER. UTILICE LAS SOBRAS EN WRAPS DE CARNE VEGETAL (CONSULTERECETA).

- 1 lomo de res cortado al centro de 3½ a 4 libras, recortado y atado con hilo de 100% algodón
- Aceite de oliva virgen extra
- ½ taza de condimento mediterráneo (verreceta)
- ½ cucharadita de pimienta negra
- Aceite de oliva con infusión de trufa (opcional)

1. Frote todos los lados del lomo con aceite de oliva y cúbralo con especias mediterráneas y pimienta. Dejar a temperatura ambiente durante 30 a 60 minutos.

2. Precaliente el horno a 450°F con la rejilla en el tercio inferior del horno. Forre una bandeja para hornear con surcos con papel de aluminio; Coloque una rejilla sobre la bandeja para hornear.

3. Coloque la carne sobre una rejilla sobre papel de horno. Hornee por 15 minutos. Baje el horno a 250°F. Ase durante 1¾ a 2½ horas más o hasta que la temperatura interna alcance los 135°F para que esté medio cocido. Retirar del horno; tienda con papel de aluminio. Deja la carne durante 20 a 30 minutos. Retire la cuerda. Corta la carne en rodajas de 1/2 pulgada. Si lo desea, rocíe ligeramente la carne con aceite de trufa.

ENSALADA DE TERNERA POCO HECHA AL ESTILO VIETNAMITA

PREPARACIÓN:40 minutos de congelación: 45 minutos de enfriamiento: 15 minutos de reposo: 5 minutos rinde: 4 porciones

AUNQUE EL PROCESO DE COCCIÓNDEBIDO A QUE LA CARNE COMIENZA EN EL JUGO DE PIÑA HIRVIENDO, TERMINA EN LA MEZCLA DE LIMA Y JUGO DE PIÑA FRÍO. EL ÁCIDO DE ESTOS JUGOS CONTINÚA "COCINANDO" LA CARNE SIN CALOR; DEMASIADO PUEDE DESTRUIR EL SABOR Y LA TERNURA.

CARNE DE RES
- 1 libra de lomo de res
- 4½ tazas de jugo de piña 100%
- 1 taza de jugo de limón fresco
- ¼ de cebolla morada, cortada en rodajas muy finas
- ¼ de cebolla blanca, cortada en rodajas muy finas
- ½ taza de cebollines en rodajas finas
- ½ taza de cilantro fresco picado en trozos grandes
- ½ taza de menta fresca picada en trozos grandes
- ½ taza de albahaca tailandesa fresca picada en trozos grandes (ver Nota)
- Aderezo de macadamia (ver receta a la derecha)

ENSALADA
- 8 hojas de lechuga iceberg
- 2 cucharadas de anacardos picados, tostados (ver Consejos)
- 1 chile de ave tailandés, en rodajas muy finas (ver Consejos) (opcional)
- 1 cucharada de semillas de sésamo
- Pimienta negra
- ramitas de cilantro fresco (opcional)
- Rodajas de lima (opcional)

1. Congele el bistec durante unos 45 minutos o hasta que esté parcialmente congelado. Corta la carne en rodajas finas como papel con un cuchillo muy afilado. Calienta 4 tazas de jugo de piña en una cacerola grande hasta que hierva. Reduzca el fuego para mantener el jugo a fuego lento. Blanquear la carne en porciones pequeñas en jugo hirviendo durante unos segundos (la carne debe estar bastante cruda). Sacuda el exceso de líquido y coloque la carne en un tazón mediano. Enfríe la carne en el refrigerador durante 15 a 20 minutos para que se enfríe un poco.

2. Agregue 1 taza de jugo de limón y la ½ taza restante de jugo de piña a la carne en el tazón. Deje que el bistec se "cocine" en jugo a temperatura ambiente durante 5 a 10 minutos o hasta que esté listo. Escurre y exprime el exceso de líquido de la carne y transfiérelo a un tazón grande. Agrega la cebolla morada, el ajo, la cebolla, el cilantro, la menta y la albahaca; enrolle para combinar. Vierta el aderezo de macadamia sobre la mezcla de carne; revuelva para cubrir.

3. Para preparar las ensaladas, cubra cada plato para servir con 2 hojas de lechuga. Divida la mezcla de carne en platos cubiertos de ensalada. Espolvoree anacardos, chile tailandés (si lo desea), semillas de sésamo y pimienta negra al gusto. Si lo desea, decore con ramitas de cilantro y sirva con rodajas de lima.

Aderezo de macadamia: en un frasco pequeño con tapa hermética, combine ¼ de taza de aceite de macadamia, 1 cucharada de jugo de lima fresco, 1 cucharada de jugo de piña y de ¼ a ½ cucharadita de pimiento rojo triturado. Tapar y agitar bien.

PECHUGA ESTOFADA MEXICANA CON ENSALADA DE MANGO, JÍCAMA, CHILE Y SEMILLAS DE CALABAZA ASADAS

PREPARACIÓN: Marinar 20 minutos: cocinar durante la noche: reposar 3 horas: 15 minutos rinde: 6 porciones

MARINAR LA PECHUGA DURANTE LA NOCHE. EN LA MEZCLA DE TOMATES, CHILE CHIPOTLE Y ESPECIAS MEXICANAS LE DA UN SABOR INCREÍBLE Y UNA TERNURA QUE SE DESHACE. ASEGÚRESE DE MARINARLO EN UNA OLLA NO REACTIVA, COMO DE ACERO INOXIDABLE O DE HIERRO FUNDIDO ESMALTADO. EL ALUMINIO REACCIONA CON INGREDIENTES ÁCIDOS COMO EL TOMATE Y PUEDE CREAR MALOS SABORES, Y TAMBIÉN ES UNA MALA IDEA POR RAZONES DE SALUD (VER"ELIMINAR EL ALUMINIO").

MAMA
- 1 pechuga de res de 3 kilos
- 2 tazas de caldo de huesos de res (verreceta) o caldo de res sin sal
- 1 lata de 15 onzas de tomates triturados sin sal agregada
- 1 taza de agua
- 1 chile chipotle o ancho seco, rebanado
- 2 cucharaditas de condimento mexicano (verreceta)

ENSALADA
- 1 mango maduro, pelado y ahuecado
- 1 jícama, pelada y cortada en juliana
- 3 cucharadas de semillas de calabaza verdes, tostadas*
- ½ jalapeño, sin semillas y finamente picado (verConsejos)
- 1 a 2 cucharadas de cilantro fresco picado
- 3 cucharadas de jugo de lima fresco
- 1 cucharada de aceite de oliva virgen extra
- Rodajas de limón

1. Recorta el exceso de grasa del pecho. Colóquelo en una olla de acero inoxidable o esmaltada. Agrega el caldo de huesos de res, los tomates sin escurrir, el agua, el chile chipotle y el condimento mexicano. Cubra y refrigere durante la noche.

2. Ponga la olla a fuego alto; hervir. Reduzca el fuego y cocine a fuego lento, tapado, de 3 a 3½ horas o hasta que estén tiernos. Retirar del horno, destapar y dejar actuar 15 minutos.

3. Mientras tanto, para la ensalada, corte el mango pelado en rodajas de ¼ de pulgada de grosor. Corta cada rebanada en 3 tiras. Combine el mango, la jícama, las semillas de calabaza, el jalapeño y el cilantro en un tazón mediano. En un tazón pequeño, mezcle el jugo de limón y el aceite de oliva; agréguelo a la ensalada y revuelva; poner a un lado.

4. Transfiera la carne a una tabla de cortar; corte la carne a lo largo de la fibra. Si lo desea, rocíe la carne con algunos de los jugos de cocción. Servir la carne con la ensalada. Adorne con rodajas de lima.

*Consejo: Para tostar semillas y nueces finamente picadas, espolvoréalas en una sartén pequeña y seca y caliéntalas a fuego medio hasta que estén doradas. Revuelve con frecuencia para que no se quemen.

WRAPS DE LECHUGA ROMANA CON PECHUGA DE RES DESMENUZADA Y CHILE HARISSA ROJO FRESCO

PREPARACION:20 minutos de horneado: 4 horas de reposo: 15 minutos rinden: 6 a 8 porciones

HARISSA ES UNA SALSA PICANTE ARDIENTEPROCEDENTE DE TUNEZ, QUE SE UTILIZA COMO CONDIMENTO PARA CARNES Y PESCADOS FRITOS Y EN GUISOS COMO AROMATIZANTE. CADA COCINERO TIENE SU PROPIA VERSIÓN, PERO, ADEMÁS DE CHILE, CASI SIEMPRE CONTIENE ALCARAVEA, COMINO, AJO, CILANTRO Y ACEITE DE OLIVA.

MAMA
- 1 pechuga de res de 3 a 3 ½ kilogramos
- 2 cucharaditas de chile ancho molido
- 1 cucharadita de ajo en polvo
- 1 cucharadita de cebolla en polvo
- 1 cucharadita de comino molido
- ¼ de taza de aceite de oliva virgen extra
- 1 taza de caldo de huesos de res (ver_receta_) o caldo de res sin sal

HARISSA
- 1 cucharadita de semillas de cilantro
- 1 cucharadita de semillas de alcaravea
- ½ cucharadita de semillas de comino
- 8 a 10 chiles rojos de Fresno, chiles rojos de Anaheim o jalapeños rojos, sin tallos, sin semillas (si lo desea) y picados (ver_Consejos_)
- 3 dientes de ajo, finamente picados
- Hojas de lechuga romana

1. Precaliente el horno a 300°F. Recorta el exceso de grasa de la pechuga. Combine los chiles anchos molidos, el ajo en polvo, la cebolla en polvo y

el comino en un tazón pequeño. Espolvorea la mezcla de especias sobre la carne; frotar con la carne.

2. Caliente 1 cucharada de aceite de oliva a fuego medio-alto en una olla de 5 a 6 cuartos. Dorar la pechuga por ambos lados en el aceite caliente; Retire el horno holandés del fuego. Agrega el caldo de huesos de res. Tape y cocine de 4 a 4½ horas o hasta que la carne esté tierna.

3. Mientras tanto, para la harissa, combine las semillas de cilantro, las semillas de alcaravea y el comino en una cacerola pequeña. Coloca la sartén a fuego medio. Agite las semillas durante aprox. 5 minutos o hasta que esté fragante, agitando la sartén con frecuencia; dejar enfriar. Utilice un molinillo de especias o un mortero para moler las semillas tostadas. En un procesador de alimentos, combine la mezcla de semillas molidas, los chiles frescos, el ajo y las 3 cucharadas restantes de aceite de oliva. Procese hasta que quede suave. Transfiera a un tazón; cubra y enfríe durante al menos 1 hora.

4. Retire la olla holandesa del horno. Dejar actuar 15 minutos. Transfiera la carne a una tabla de cortar; corte la carne a lo largo de la fibra. Colocar en un plato para servir y rociar con un poco del líquido de cocción. Para servir, rellene las hojas de lechuga romana con la pechuga en rodajas; cubra con harissa.

OJO REDONDO ASADO CON COSTRA DE HIERBAS, PURÉ DE TUBÉRCULOS Y SALSA DE SARTÉN

PREPARACIÓN: 25 minutos de asado: 25 minutos de asado: 40 minutos de reposo: 10 minutos rinde: 6 porciones

ASEGÚRATE DE GUARDAR TODO EL AGUA DE COCCIÓN AL ESCURRIR LAS VERDURAS. EL AGUA RESERVADA SE UTILIZA TANTO EN EL PURÉ DE TUBÉRCULOS COMO EN LA SALSA PARA LA CARNE.

BIFE
  ½ taza de hojas de perejil fresco bien empaquetadas
  ¼ taza de tomillo fresco picado
  1 cucharada de pimienta negra triturada
  2 cucharaditas de piel de limón finamente rallada
  4 dientes de ajo, pelados
  4 cucharadas de aceite de oliva virgen extra
  1 ojo de asado redondo de 3 kilogramos
  2 cucharadas de mostaza estilo Dijon (ver receta)

SALSA DE CACEROLA
  1 taza de cebolla picada
  1 taza de champiñones rebanados
  1 hoja de laurel
  ¼ taza de vino tinto seco
  1 taza de caldo de huesos de res (ver receta) o caldo de res sin sal
  1 cucharada de aceite de oliva virgen extra
  2 cucharaditas de vinagre de jerez o balsámico
  1 receta de puré de tubérculos (ver receta, abajo)

1. Coloque la rejilla del horno en el tercio inferior del horno. Precalienta el horno a 400°F. Combine el perejil, el tomillo, la pimienta, la ralladura de limón, el diente de ajo y 2 cucharadas de aceite de oliva en un

procesador de alimentos. Pulse hasta que el ajo esté picado en trozos grandes. Deja la mezcla de ajo a un lado.

2. Calienta las 2 cucharadas restantes de aceite de oliva a fuego medio-alto en una sartén mediana-larga o en una sartén extra grande para saltear para horno. Agregue el bistec y cocine hasta que se dore por todos lados, aproximadamente 4 minutos por lado. Retire el asado de la sartén; Retire la sartén del fuego. Unte mostaza estilo Dijon sobre el asado. Espolvoree la mezcla de ajo sobre el asado y presione para que se adhiera. Vuelva a colocar el asado en la sartén. Ase sin tapar durante 40 a 45 minutos o hasta que un termómetro para carne insertado en el centro del asado registre 130°F a 135°F. Transfiera la carne a una tabla de cortar; tienda suelta con papel de aluminio. Dejar actuar 10 minutos antes de cortar.

3. Mientras tanto, para la salsa, coloque la sartén para asar o para saltear en la hornilla. Calienta a fuego medio-alto. Agrega las cebollas, los champiñones y las hojas de laurel; cocine y revuelva durante unos 5 minutos o hasta que la cebolla esté transparente. Agrega el vino; déjelo hervir a fuego lento durante aprox. 2 minutos o hasta que el vino casi se haya evaporado, raspando los trozos dorados del fondo de la sartén. Agrega 1 taza del agua vegetal reservada y el caldo de huesos de res. Hervir; reduce el calor. Dejamos cocer a fuego lento sin tapar hasta que la salsa se reduzca a aprox. 1 taza, aprox. 4 minutos, revolviendo ocasionalmente.

4. Cuele la salsa a través de un colador de malla fina y colóquela en una taza medidora grande; desechar los sólidos. Incorpora el aceite de oliva y el vinagre a la salsa. Sirva el rosbif con puré de tubérculos; rocíe con salsa.

Puré de verduras de raíz: combine 3 zanahorias medianas en una olla grande, peladas y cortadas en trozos grandes; 3 chirivías medianas, peladas y cortadas en trozos grandes; 2 nabos medianos, pelados y cortados en trozos grandes; 1 batata grande, pelada y cortada en trozos grandes; y 2 ramitas de romero fresco. Agrega suficiente agua para cubrir las verduras. Hervir; reduce el calor. Cocine a fuego lento, tapado, de 15 a 20 minutos o hasta que las verduras estén muy tiernas. Escurre las verduras, guarda el agua de cocción. Deseche el romero. Vuelve a poner las verduras en la sartén. Triture con un machacador de papas o una batidora eléctrica, rocíe con un poco del agua de cocción reservada hasta obtener la consistencia deseada (reserve el agua vegetal restante para la salsa). Sazone con cayena. Cubra y mantenga caliente hasta servir.

SOPA DE TERNERA Y VERDURAS CON PESTO DE PIMIENTO ROJO ASADO

PREPARACIÓN:40 minutos de cocción: 1 hora 25 minutos en reposo: 20 minutos rinde: 8 porciones

PIMENTÓN AHUMADO, TAMBIÉN LLAMADO PIMENTÓN— ES UN PIMENTÓN ESPAÑOL QUE SE ELABORA SECANDO PIMENTÓN SOBRE UN FUEGO DE ROBLE AHUMADO, LO QUE LE DA UN SABOR INCREÍBLE. VIENE EN TRES VARIEDADES: DULCE Y SUAVE (DULCE), MEDIO PICANTE (AGRIDULCE) Y PICANTE (PICANTE). ELIGE SEGÚN TU GUSTO.

- 1 cucharada de aceite de oliva virgen extra
- 2 libras de carne asada deshuesada, sin exceso de grasa y cortada en cubos de 1 pulgada
- 1 taza de cebolla picada
- 1 taza de zanahorias rebanadas
- 1 taza de apio picado
- 1 taza de chirivías picadas
- 1 taza de champiñones frescos rebanados
- ½ taza de nabos cortados en cubitos
- ½ cucharadita de pimentón ahumado
- ½ cucharadita de romero seco, triturado
- ½ cucharadita de pimiento rojo triturado
- ½ taza de vino tinto seco
- 8 tazas de caldo de huesos de res (ver<u>receta</u>) o caldo de res sin sal
- 2 tazas de tomates frescos cortados en cubitos
- 1 hoja de laurel
- 1 taza de camote o calabaza pelada y cortada en cubitos
- 2 tazas de hojas de col rizada o col rizada rallada
- ¾ taza de calabaza cortada en cubitos o calabaza amarilla de verano
- ¾ taza de espárragos picados

¾ taza de floretes de coliflor muy pequeños
Pesto con pimiento rojo (ver receta, abajo)

1. Caliente el aceite de oliva a fuego medio-alto en una olla de 6 a 8 cuartos. Agrega la mitad del bistec al aceite caliente en una sartén; cocine de 5 a 6 minutos o hasta que esté bien dorado por todos lados. Retire el bistec de la sartén. Repita con la carne restante. Ajuste el fuego según sea necesario para evitar que se quemen los trozos dorados en el fondo de la olla.

2. Agregue las cebollas, las zanahorias, el apio, las chirivías, los champiñones y los nabos a la olla. Reduce el fuego a medio. Cocine y revuelva durante 7 a 8 minutos o hasta que las verduras estén tiernas y crujientes, raspando los trozos dorados con una cuchara de madera. Agrega el pimentón, el romero y el pimiento rojo triturado; cocine y revuelva durante 1 minuto. Agrega el vino; cocine a fuego lento hasta que casi se evapore. Agregue el caldo de huesos de res, los tomates, las hojas de laurel y la carne dorada y los jugos recogidos. Hervir; reduce el calor. Déjelo hervir a fuego lento tapado durante aproximadamente 1 hora o hasta que la carne y las verduras estén tiernas. Agrega la batata y la col rizada; cocine a fuego lento durante 20 minutos. Agrega el calabacín, los espárragos y la coliflor; cocine unos 5 minutos o hasta que esté crujiente. Retire y deseche las hojas de laurel.

3. Para servir, sirva la sopa en tazones para servir y cubra con un poco de pesto de pimiento rojo.

Pesto con pimiento rojo: Precaliente el asador con la rejilla colocada en el tercio superior del horno. Coloque 3 pimientos rojos en una bandeja para hornear forrada con papel de aluminio. Frote las superficies de los pimientos con 1 cucharada de aceite de oliva virgen extra. Ase los pimientos durante 10 a 15 minutos o hasta que la piel se oscurezca y las ampollas y los pimientos se ablanden, volteándolos a la mitad del asado. Transfiera los pimientos a un tazón grande. Cubre el recipiente con film transparente. Dejar actuar unos 20 minutos o hasta que se haya enfriado. Retire las semillas, los tallos y la piel de los pimientos y deséchelos. Cortar los pimientos en trozos. Pulse ½ taza de hojas de perejil fresco, ¼ de taza de almendras rebanadas y 3 dientes de ajo en un procesador de alimentos hasta que estén finamente picados. Añade los pimientos asados, 2 cucharadas de aceite de oliva virgen extra, 1 cucharada de piel de naranja finamente rallada, 2 cucharaditas de vinagre balsámico o de jerez y pimentón y cayena al gusto. Pulse hasta que esté finamente picado pero no líquido. Si es necesario, agrega otra 1 cucharada de aceite de oliva para lograr la consistencia deseada. Transfiera a un recipiente hermético. Cubra y refrigere hasta que esté listo para servir.

ESTOFADO DE TERNERA DULCE Y SALADO A FUEGO LENTO

PREPARACIÓN:25 minutos de ebullición: 6 minutos de reposo: 10 minutos de cocción lenta: 9 horas (baja) o 4½ horas (alta) + 15 minutos (alta) Rinde: 4 porciones

LA DULZURA DE ESTE ABUNDANTE GUISO.PROVIENE DE UNA PEQUEÑA CANTIDAD DE OREJONES Y CEREZAS SECAS. BUSQUE FRUTAS SECAS SIN AZUCAR NI AZUCAR EN CUALQUIER MERCADO QUE VENDA ALIMENTOS INTEGRALES.

- 1½ libras de asado de brazo de res deshuesado o asado de carne de res deshuesado
- 2 cucharadas de aceite de coco refinado
- 1 taza de agua hirviendo
- ½ taza de hongos shiitake secos
- 1 taza de cebollas perla frescas peladas o congeladas, cortadas a la mitad si son grandes
- 3 chirivías medianas, cortados por la mitad a lo largo y transversalmente en trozos de 2 pulgadas
- 3 zanahorias medianas, cortadas por la mitad a lo largo y transversalmente en trozos de 2 pulgadas
- 6 dientes de ajo, en rodajas finas
- 1 hoja de laurel
- 1 cucharadita de salvia o tomillo seco o 1 cucharada de salvia o tomillo fresco picado
- 2½ tazas de caldo de huesos de res (ver<u>receta</u>) o caldo de res sin sal
- 4 tazas de acelgas o col rizada fresca picada en trozos grandes y recortada
- ½ taza de vino tinto seco
- 2 cucharadas de orejones picados, sin azúcar y sin azúcar
- 2 cucharadas de cerezas secas sin azúcar y sin azúcar

1. Quite la grasa de la carne. Corte el bistec en trozos de 1½ pulgada. Calienta 1 cucharada de aceite de coco a fuego medio-alto en una sartén

grande. Agrega la carne; cocine de 5 a 7 minutos o hasta que se dore, revolviendo ocasionalmente. Con una espumadera, transfiera el bistec a una olla de cocción lenta de 3½ o 4 cuartos. Repita con el resto del aceite de coco y la carne. Si lo deseas, raspa la grasa de la olla y colócala en la olla junto con el bistec.

2. Mientras tanto, combine el agua hirviendo y los champiñones secos en un tazón pequeño. Cubrir; dejar actuar 10 minutos. Escurrir los champiñones y reservar el líquido de remojo. Enjuague los champiñones; Picar los champiñones en trozos grandes y colocarlos en la olla con la carne. Vierta el líquido de remojo a través de un colador de malla fina en la olla de cocción lenta.

3. Agregue las cebollas, las chirivías, las zanahorias, el ajo, la hoja de laurel y la salvia seca o el tomillo (si se usa). Vierta el caldo de huesos de res por todas partes. Cubrir; cocine a fuego lento durante 9 a 10 horas o a fuego alto durante 4½ a 5 horas.

4. Retire y deseche la hoja de laurel. Agregue acelgas, vino, albaricoques, cerezas y salvia fresca o tomillo (si se usa) para guisar en la olla. Si usa la temperatura baja, cambie a la temperatura alta. Cubrir; cocine por otros 15 minutos. Para servir, sirva en tazones para servir calientes.

ARRACHERA FRITA CON COLES DE BRUSELAS Y CEREZAS

PREPARACION:20 minutos de cocción: 20 minutos rinden: 4 porciones

3 cucharadas de aceite de coco refinado
1½ libras de coles de Bruselas, recortadas y cortadas en cuartos
½ taza de chalotes en rodajas
1½ tazas de cerezas frescas
1 cucharadita de tomillo fresco picado
1 cucharada de vinagre balsámico
1½ libras de filete de res
1 cucharada de romero fresco picado
2 cucharadas de tomillo fresco picado
½ cucharadita de pimienta negra

1. Calienta 2 cucharadas de aceite de coco en una sartén grande a fuego medio. Agregue las coles de Bruselas y las chalotas. Cocine tapado durante 15 minutos, revolviendo ocasionalmente. Agregue las cerezas y el tomillo, revolviendo para raspar los trozos dorados del fondo de la sartén. Cocine sin tapar durante unos 5 minutos o hasta que las coles de Bruselas estén doradas y tiernas. Agrega vinagre; Retire la sartén del fuego.

2. Corte la arrachera en cuatro porciones; espolvorea ambos lados de cada filete con romero, tomillo y pimienta. Calienta 1 cucharada de aceite de coco a fuego medio-alto en una sartén extra grande. Agrega los filetes a la sartén; Hornee de 8 a 10 minutos o hasta que un termómetro de lectura instantánea registre 145 °F a temperatura media, volteándolo una vez a la mitad de la cocción.

3. Corte los filetes en rodajas finas a lo largo de la fibra y sírvalos con coles de Bruselas y cerezas.

SOPA DE FILETE DE FALDA ASIATICA

PREPARACION:35 minutos de cocción: 20 minutos rinden: 6 a 8 porciones

1½ libras de filete de res
2 cucharadas de aceite de oliva virgen extra
1 libra de hongos shiitake, sin tallos y en rodajas
1 manojo de cebollas, en rodajas finas
2 tazas de bok choy picado
1 taza de zanahorias en rodajas finas
6 dientes de ajo grandes, finamente picados (1 cucharada)
1 cucharada de jengibre fresco finamente picado
1 cucharadita de pimienta negra
8 tazas de caldo de huesos de res (ver receta) o caldo de res sin sal
1 hoja de alga nori, desmenuzada
1 taza de rábano daikon en rodajas finas
⅓ taza de jugo de limón fresco
4 huevos duros, pelados y partidos por la mitad
Rodajas de limón

1. Si lo desea, puede congelar parcialmente el bistec para cortarlo más fácilmente (aproximadamente 20 minutos). Corte la falda por la mitad a lo largo y luego corte finamente cada mitad a lo largo de la fibra en tiras. Corta las tiras por la mitad. Caliente 1 cucharada de aceite de oliva a fuego medio-alto en una olla de 6 cuartos. Agrega la mitad de la arrachera; cocine por aprox. 3 minutos o hasta que esté bien dorado, revolviendo ocasionalmente. Retire la carne de la sartén; repita con el aceite de oliva restante y la falda. Retire el bistec del horno holandés y déjelo a un lado.

2. Reduzca el fuego a medio; agregue los champiñones shiitake, la cebolla, el bok choy, las zanahorias, el ajo y el pimiento a la olla.

Cocine durante 5 minutos, revolviendo con frecuencia. Agregue la falda, el caldo de huesos de res y las algas desmenuzadas a la olla. Hervir; reduce el calor. Déjalo hervir a fuego lento tapado durante unos 5 minutos o hasta que las zanahorias estén tiernas.

3. Agregue rábano daikon, jugo de lima y huevos duros a la sopa. Vuelva a hervir la sopa. Apague el fuego inmediatamente. Sirva la sopa en tazones para servir calientes. Adorne con rodajas de lima.

FILETE DE FALDA SALTEADO CON ARROZ DE COLIFLOR Y SESAMO

DE PRINCIPIO A FIN: 1 HORA RINDE: 4 PORCIONES

- 1½ libras de filete de res
- 4 tazas de coliflor picada
- 2 cucharadas de semillas de sésamo
- 2 cucharaditas de aceite de coco refinado
- ¾ cucharadita de pimiento rojo triturado
- ¼ de taza de cilantro fresco picado
- 3 cucharadas de aceite de coco
- ½ taza de cebollines en rodajas finas
- 1 cucharada de jengibre fresco rallado
- 6 dientes de ajo, finamente picados (1 cucharada)
- 1 cucharada de limoncillo fresco en rodajas finas
- 2 pimientos rojos, verdes y/o amarillos, sin semillas y cortados en tiras
- 2 tazas de floretes pequeños de brócoli
- ½ taza de caldo de huesos de res (ver receta) o caldo de res sin sal
- ¼ de taza de jugo de limón fresco
- Cebolletas en rodajas (opcional)
- Pimiento rojo triturado (opcional)

1. Si lo desea, puede congelar parcialmente la falda para cortarla más fácilmente (aproximadamente 20 minutos). Corte la falda por la mitad a lo largo; corte cada mitad finamente a lo largo de la fibra en tiras. Reserva las tiras de carne.

2. Para el arroz de coliflor, presione 2 tazas de coliflor en un procesador de alimentos hasta que los trozos tengan el tamaño de arroz; transfiéralo a un tazón mediano. Repita con las 2 tazas de coliflor restantes. Tostar las semillas de sésamo a fuego medio en una sartén grande durante aprox. 2 minutos o hasta que estén dorados. Agrega 2 cucharaditas de aceite de coco y ¼

de cucharadita de pimiento rojo triturado; cocine por 30 segundos. Agrega el arroz de coliflor y el cilantro a la sartén; remover. Reducir el fuego; cocine, tapado, de 6 a 8 minutos o hasta que la coliflor esté tierna. Manténgase caliente.

3. Calienta 1 cucharada de aceite de coco en una sartén extra grande a fuego medio-alto. Agrega la mitad de las tiras de carne; deje hervir y revuelva hasta obtener el punto de cocción deseado. Retire la carne de la sartén. Repita con 1 cucharada del aceite de coco restante y las tiras de carne restantes; deja la carne a un lado. Vacíe la sartén.

4. Calienta la 1 cucharada restante de aceite de coco en la misma sartén a fuego medio-alto. Agrega la cebolla, el jengibre, el ajo, la hierba de limón y la ½ cucharadita restante de pimiento rojo triturado a la sartén; cocine y revuelva durante 30 segundos. Agregue los pimientos dulces, el brócoli y el caldo de huesos de res a la sartén. Cocine durante unos 5 minutos o hasta que el brócoli esté tierno, revolviendo ocasionalmente. Agrega la carne y el jugo de limón; cocina por 1 minuto más. Sirva sobre arroz de coliflor. Si lo desea, cubra con más cebolla y/o pimiento rojo triturado.

ARRACHERA RELLENA CON SALSA CHIMICHURRI

PREPARACIÓN:30 minutos de asado: 35 minutos de reposo: 10 minutos rinden: 4 porciones

1 batata mediana, pelada (aprox. 12 gramos)
1 cucharada de aceite de oliva virgen extra
6 dientes de ajo, finamente picados (1 cucharada)
2 cucharaditas de aceite de oliva virgen extra
1 paquete de 5 onzas de espinacas tiernas frescas
1½ libra de filete de falda
2 cucharaditas de pimienta negra triturada
2 cucharadas de aceite de oliva virgen extra
½ taza de salsa chimichurri (ver receta)

1. Precaliente el horno a 400°F. Forre una bandeja para hornear grande con papel de hornear. Con una mandolina, cortamos el boniato a lo largo en rodajas de aproximadamente 1,5 cm de grosor. En un tazón mediano, mezcle las rodajas de camote con 1 cucharada de aceite. Coloque las rodajas en una capa uniforme sobre la bandeja para hornear preparada. Hornea por unos 15 minutos o hasta que estén tiernos. Dejar enfriar.

2. Mientras tanto, combine el ajo y 2 cucharaditas de aceite de oliva en una sartén extra grande apta para horno. Freír a fuego medio durante aprox. 2 minutos o hasta que el ajo esté ligeramente cocido pero no dorado, revolviendo ocasionalmente. Agrega las espinacas a la sartén; cocine hasta que se ablanden. Transfiera las espinacas a un plato para que se enfríen; deja la sartén a un lado.

3. Marque ambos lados de la falda haciendo cortes diagonales poco profundos a una distancia de aproximadamente 1 pulgada en forma de diamante. Coloque la arrachera entre dos trozos de

film transparente. Usando el lado plano de un mazo para carne, machaque el filete hasta que tenga aproximadamente ½ pulgada de grosor. Exprima el exceso de líquido de las espinacas cocidas y extiéndalo uniformemente sobre el filete. Cubra con batatas, superponiendo las rodajas según sea necesario. Comenzando por el lado largo, enrolle la arrachera. Ate el bistec enrollado a intervalos de 1 pulgada con hilo 100% algodón. Espolvorea con pimienta negra triturada.

4. Agrega 2 cucharadas de aceite a la sartén utilizada para cocinar las espinacas. Agrega la carne a la sartén; cocine hasta que se dore por todos lados, volteando la carne según sea necesario para que se dore uniformemente. Pon la sartén con la carne en el horno. Ase, sin tapar, durante 20 a 25 minutos o hasta que un termómetro para carne leído en el centro registre 145 °F.

5. Retire la carne de la sartén y cúbrala con papel de aluminio. Dejar actuar 10 minutos. Retire el hilo de cocina; Corte la carne transversalmente en rodajas de ½ pulgada de grosor. Servir con salsa chimichurri.

BROCHETAS DE FILETE DE FALDA A LA PARRILLA CON MAYONESA DE RÁBANO PICANTE

PREPARACIÓN:30 minutos Marinar: 2 a 4 horas Asar: 48 minutos Rinde: 4 porciones

1½ libras de filete de res
1 taza de vino tinto seco
½ taza de aceite de oliva
¼ de taza de chalotas picadas
9 dientes de ajo, finamente picados (1 cucharada)
2 cucharadas de romero fresco picado
2 batatas medianas, peladas y cortadas en cubos de 1 pulgada
2 nabos medianos, pelados y cortados en cubos de 1 pulgada
½ cucharadita de pimienta negra
¾ taza de Paleo Mayo (ver receta)
2 a 3 cucharadas de rábano picante fresco rallado
1 cucharada de cebollino fresco picado

1. Corte la carne de falda a contrapelo en rodajas de ¼ de pulgada de grosor. Coloque la carne en una bolsa de plástico con cierre de 1 cuarto de galón colocada en un plato poco profundo; poner a un lado.

2. Para la marinada, combine el vino tinto, ¼ de taza de aceite, la chalota, 6 dientes de ajo picados y 1 cucharada de romero en un tazón pequeño. Vierta la marinada sobre la carne en la bolsa. Sellar la bolsa y pasar a la carne. Marinar en el refrigerador de 2 a 4 horas, volteando la bolsa de vez en cuando.

3. Mientras tanto, para las verduras, combine las batatas y los nabos en un tazón grande. En un tazón pequeño, combine ¼ de taza de aceite de oliva restante, 3 dientes de ajo picados, el resto del

romero y la pimienta. Rocíe sobre las verduras; revuelva para cubrir. Doble un trozo de papel de aluminio pesado de 36 × 18 pulgadas por la mitad para crear un espesor doble de papel de aluminio que mida 18 × 18 pulgadas. Coloque las verduras rebozadas en el centro del papel de aluminio; levante los bordes opuestos del papel de aluminio y séllelo con un doble pliegue. Dobla los bordes restantes para encerrar completamente las verduras, dejando espacio para el vapor.

4. Para una parrilla de carbón o gas, coloque las verduras envueltas en papel de aluminio en una rejilla directamente a fuego medio. Cubra y cocine a la parrilla durante 40 minutos o hasta que las verduras estén tiernas, volteándolas una vez a la mitad de la parrilla. Retirar de la parrilla. Déjelo tapado mientras asa las brochetas de carne.

5. Mezcle Paleo Mayo, rábano picante y cebollino en un tazón pequeño. Poner a un lado. Escurrir la arrachera; desecha la marinada. En doce brochetas de metal o bambú de 12 a 14 pulgadas* se ensarta el acordeón de carne. Coloque las brochetas de carne en una parrilla directamente a fuego medio. Cubra y cocine a la parrilla durante 8 a 9 minutos, volteando las brochetas a la mitad de la cocción.

6. Abra el paquete de verduras con cuidado y vacíelo en un tazón grande para servir. Sirva brochetas de carne y verduras con mayonesa de rábano picante.

*Nota: Si usa brochetas de bambú, sumérjalas en agua durante 30 minutos antes de agregar la carne para evitar que se queme.

CHUCK STEAKS FRITO AL VINO CON CHAMPIÑONES

PREPARACIÓN:10 minutos de asado: 30 minutos de asado: 1 hora y 45 minutos rinde: 2 porciones

LOS FILETES SON UNA OPCIÓN ECONÓMICAPORQUE NO SON EL CORTE MÁS TIERNO. PERO DESPUÉS DE APROXIMADAMENTE UNA HORA DE HERVIR A FUEGO LENTO EN UNA MEZCLA DE VINO TINTO, CALDO DE RES, CHAMPIÑONES, AJO Y PIMIENTA NEGRA, SE PUEDEN CORTAR CON UN CUCHILLO DE MANTEQUILLA.

- 2 filetes de filete de costilla cruzada deshuesados de 6 onzas, cortados aproximadamente ¾ de pulgada de grosor
- ½ cucharadita de ajo granulado sin conservante
- Pimienta negra
- 4 cucharaditas de aceite de oliva virgen extra
- 10 gramos de champiñones, en rodajas
- ½ taza de vino tinto seco (como Zinfandel)
- ½ taza de caldo de huesos de res (ver receta), caldo de huesos de pollo (ver receta), o caldo de res o pollo sin sal
- 2 cucharaditas de perejil fresco picado
- ½ cucharadita de tomillo fresco picado
- ½ cucharadita de piel de limón finamente rallada
- 1 diente de ajo pequeño, finamente picado
- Rábano picante fresco rallado (opcional)

1. Precaliente el horno a 300°F.

2. Si lo desea, quite la grasa de los filetes. Seca los filetes con toallas de papel. Espolvorea ambos lados con ajo granulado y pimienta. Calienta 2 cucharaditas de aceite de oliva a fuego medio-alto en una sartén apta para horno. Agrega los filetes a la sartén; cocine de 3 a 4 minutos por cada lado o hasta que esté bien dorado. Transfiera los filetes a un plato; poner a un lado.

3. Agrega los champiñones y las 2 cucharaditas restantes de aceite de oliva a la sartén. Cocine por 4 minutos, revolviendo ocasionalmente. Agregue el vino y el caldo de huesos de res, raspando los trozos dorados del fondo de la sartén. Déjalo hervir a fuego lento. Agrega los filetes a la sartén y vierte la mezcla de champiñones sobre los filetes. Cubre la sartén con una tapa. Transfiera la sartén al horno. Ase durante aproximadamente 1¼ horas o hasta que la carne esté tierna.

4. Para la cobertura de perejil, mezcle el perejil, el tomillo, la ralladura de limón y el ajo en un tazón pequeño; poner a un lado.

5. Transfiera los filetes a un plato; tapar para mantener el calor. Para la salsa, caliente los champiñones y el líquido en una sartén a fuego medio-alto hasta que hierva a fuego lento. Cocine durante unos 4 minutos o hasta que se reduzca ligeramente. Sirva la salsa de champiñones sobre los filetes. Espolvorea perejil y, si es necesario, rábano picante rallado.

FILETES DE LOMO CON SALSA DE AGUACATE Y RÁBANO PICANTE

PREPARACIÓN:15 minutos reposar: 10 minutos grill: 16 minutos rinde: 4 porciones

LA SALSA DE RÁBANO PICANTE ES UNA EXCELENTE GUARNICIÓN.PARA LOMO DE RES ASADO A FUEGO LENTO (VER<u>RECETA</u>). AQUÍ SE MEZCLA CON AGUACATE ASADO PARA CREAR UNA RICA SALSA CON UN POCO DE PICANTE DE MOSTAZA DE DIJON Y RÁBANO PICANTE RECIÉN RALLADO. ASAR LOS AGUACATES A LA PARRILLA LOS HACE MAS CREMOSOS Y AGRADABLEMENTE AHUMADOS.

BIFE
- 1 cucharada de condimento ahumado (ver<u>receta</u>)
- ½ cucharadita de mostaza seca
- 1 cucharadita de comino molido
- 4 tiras de filete (lomo superior), cortados de 1 pulgada de grosor (aproximadamente 2 libras en total)
- 2 aguacates, partidos por la mitad y sin semillas (pelados)
- 1 cucharadita de jugo de lima

SALSA
- 2 cucharadas de salsa de rábano picante (ver<u>receta</u>, abajo
- 2 cucharadas de jugo de lima fresco
- 2 dientes de ajo, finamente picados

1. En un tazón pequeño, combine el condimento ahumado, la mostaza seca y el comino. Espolvoree sobre los filetes y frótelos con los dedos. Dejar actuar 10 minutos.

2. Para una parrilla de carbón, coloque las brasas a fuego medio alrededor de una bandeja de goteo. Pruebe a fuego medio sobre

la sartén. Coloque los filetes en la parrilla sobre la bandeja de goteo. Cubra y cocine a la parrilla durante 16 a 20 minutos a fuego medio (145 °F) o de 20 a 24 minutos a medio (160 °F), volteando los filetes una vez a la mitad de la cocción. Unte los lados cortados de los aguacates con jugo de limón. Agregue la rejilla sobre la bandeja de goteo, con los lados cortados hacia arriba, durante los últimos 8 a 10 minutos de asado o hasta que estén tiernos. (Para una parrilla de gas, precaliente la parrilla. Reduzca el fuego a medio. Ajústelo para cocción indirecta. Ase como se indica arriba).

3. Para la salsa, coloca la pulpa del aguacate en un tazón mediano. Agrega la salsa de rábano picante, 2 cucharadas de jugo de lima y el ajo; triture con un tenedor hasta que esté casi suave. Sirva los filetes con salsa.

Salsa de rábano picante: En un tazón mediano, combine ¼ de taza de rábano picante fresco rallado, 1 taza de crema de anacardo (ver_receta_), 1 cucharada de mostaza estilo Dijon (ver_receta_), 1 cucharadita de vinagre de vino blanco y 2 cucharaditas de condimento de hierbas y limón (ver_receta_). Cubra y enfríe durante al menos 4 horas o toda la noche.

SOLOMILLO MARINADO EN LIMONCILLO

PREPARACIÓN:30 minutos marinar: 2 a 10 horas asar: 10 minutos reposar: 35 minutos rinde: 4 porciones

LA ALBAHACA TAILANDESA ES DIFERENTE DE LA ALBAHACA DULCE.UTILIZADO EN LA COCINA MEDITERRÁNEA TANTO EN APARIENCIA COMO EN SABOR. LA ALBAHACA DULCE TIENE HOJAS ANCHAS SOBRE TALLOS VERDES; LA ALBAHACA TAILANDESA TIENE HOJAS VERDES ESTRECHAS SOBRE TALLOS DE COLOR PURPURA. AMBOS TIENEN SABOR A ANÍS, PERO EN LA ALBAHACA TAILANDESA ES MÁS PRONUNCIADO. LA ALBAHACA TAILANDESA TAMBIEN RESISTE MEJOR EL CALOR QUE LA ALBAHACA DULCE. BUSQUELO EN LOS MERCADOS ASIATICOS Y EN LOS MERCADOS DE AGRICULTORES. SI NO LA ENCUENTRAS, PUEDES UTILIZAR ALBAHACA DULCE.

2 tallos de limoncillo, solo las partes amarillas y verde pálido
1 jengibre de 2 pulgadas, pelado y en rodajas finas
½ taza de piña fresca picada
¼ de taza de jugo de limón fresco
1 jalapeño, sin semillas y picado (ver<u>Consejos</u>)
2 cucharadas de aceite de oliva virgen extra
4 solomillos de res de 6 onzas, cortados de ¾ de pulgada de grosor
½ taza de hojas de albahaca tailandesa
½ taza de hojas de cilantro
½ taza de hojas de menta
½ taza de cebollines, en rodajas finas
2 cucharaditas de aceite de oliva virgen extra
1 lima, en cuartos

1. Para la marinada, retire y deseche las capas exteriores magulladas de los tallos de limoncillo. Cortar en rodajas finas. Combine la hierba de limón y el jengibre en un procesador de

alimentos; pulsa hasta que esté muy finamente picado. Agrega la piña, el jugo de lima, el jalapeño y 2 cucharadas de aceite de oliva; haga puré tanto como sea posible.

2. Coloque los filetes en una bolsa plástica grande con cierre en un plato poco profundo. Vierta la marinada sobre los filetes. Sellar bolsas; Convierte la bolsa en piel. Deje marinar en el refrigerador de 2 a 10 horas, volteando la bolsa de vez en cuando. Retire los filetes de la marinada; desecha la marinada. Deje los filetes a temperatura ambiente durante 30 minutos antes de asarlos.

3. Para una parrilla de carbón o gas, coloque los filetes en la parrilla directamente a fuego medio. Cubra y ase durante 10 a 12 minutos a fuego medio (145 °F) o de 12 a 15 minutos a fuego medio (160 °F), volteándolo una vez a la mitad de la cocción. Retire los filetes de la parrilla; déjelo reposar durante 5 minutos antes de servir.

4. Para cubrir las hierbas, combine la albahaca, el cilantro, la menta y las cebolletas en un tazón pequeño; rocíe con 2 cucharaditas de aceite de oliva; revuelva para cubrir. Cubra cada filete con aderezo de hierbas y sirva con rodajas de lima.

SOLOMILLO BALSÁMICO-DIJON CON ESPINACAS AL AJILLO

PREPARACIÓN:12 minutos de marinado: 4 horas de cocción: 10 minutos rinden: 4 porciones

HERVIR LA MARINADA LA HACE SEGURA.PARA COMER COMO SALSA, Y LA REDUCE UN POCO PARA QUE TAMBIÉN QUEDE MÁS ESPESA. FREÍR LAS ESPINACAS MIENTRAS SE FRÍE EL FILETE, Y APENAS. PARA OBTENER EL MEJOR SABOR Y NUTRICIÓN, COCINE LAS ESPINACAS SOLO HASTA QUE ESTÉN LIGERAMENTE MARCHITAS Y TODAVÍA DE COLOR VERDE BRILLANTE.

BIFE
  4 cucharadas de vinagre balsámico
  3 cucharadas de aceite de oliva virgen extra
  3 cucharadas de jugo de limón fresco
  3 cucharadas de jugo de naranja fresco
  1 cucharada de mostaza estilo Dijon (ver<u>receta</u>)
  2 cucharaditas de romero fresco picado
  ½ cucharadita de pimienta negra
  3 dientes de ajo, finamente picados
  1 1½ libras de solomillo, cortado de 1½ pulgadas de grosor

ESPINACA
  1 cucharada de aceite de oliva virgen extra
  4 dientes de ajo, en rodajas finas
  8 tazas de espinacas tiernas
  ¼ cucharadita de pimienta negra

1. Para la marinada, en un tazón mediano mezcle el vinagre, el aceite de oliva, el jugo de limón, el jugo de naranja, la mostaza estilo Dijon, el romero, la pimienta y el ajo. Coloque el bistec en una

bolsa de plástico con cierre en un plato poco profundo. Vierta la marinada sobre el bistec. Sellar bolsas; batir hasta obtener un bistec. Marinar en el frigorífico durante 4 horas, volteando la bolsa de vez en cuando.

2. Precaliente la parrilla. Retire el bistec de la marinada; transfiera la marinada a una cacerola pequeña. Para la salsa balsámica, caliente la marinada a fuego medio-alto hasta que hierva. Reducir el fuego; cocine a fuego lento de 2 a 3 minutos o hasta que espese un poco; poner a un lado.

3. Coloque el bistec sobre una rejilla sin calentar en una asadera. Hornee de 4 a 5 pulgadas del fuego durante aprox. 10 minutos a fuego medio (145°F) o 14 minutos a fuego medio (160°), volteando una vez. Transfiera el bistec a una tabla de cortar. Cubra sin apretar con papel de aluminio; dejar actuar 10 minutos.

4. Mientras tanto, para las espinacas, caliente el aceite de oliva a fuego medio en una sartén extra grande. Agrega el ajo rebanado; cocine por 1 minuto o hasta que esté ligeramente dorado. Agrega las espinacas; espolvorear con pimienta. Cocine y revuelva durante 1 a 2 minutos o hasta que las espinacas se ablanden.

5. Corte el bistec en cuatro porciones y rocíelo con salsa balsámica. Servir con espinacas.

PAVO ASADO CON PURÉ DE RAÍCES AL AJO

PREPARACIÓN: 1 hora Horneado: 2 horas 45 minutos Reposar: 15 minutos Rinde: 12 a 14 porciones

BUSQUE UN PAVO QUE TENGANO HA SIDO INYECTADO CON UNA SOLUCIÓN SALINA. SI LA ETIQUETA DICE "MEJORADO" O "AUTO-BASTANTE", PROBABLEMENTE ESTÉ LLENO DE SODIO Y OTROS ADITIVOS.

- 1 pavo de 12 a 14 libras
- 2 cucharadas de especias mediterráneas (ver receta)
- ¼ taza de aceite de oliva
- 3 libras de zanahorias medianas, peladas, cortadas y cortadas por la mitad o en cuartos a lo largo
- 1 receta de puré de raíces con ajo (ver receta, abajo)

1. Precaliente el horno a 425°F. Retire el cuello y las menudencias del pavo; reserve para otro uso si lo desea. Afloje con cuidado la piel del borde del seno. Pasa los dedos debajo de la piel para crear un bolsillo en la parte superior del pecho y en la parte superior de las baquetas. Vierta 1 cucharada de condimento mediterráneo debajo de la piel; use sus dedos para distribuirlo uniformemente sobre el pecho y las baquetas. Tire de la piel del cuello hacia atrás; sujetar con una brocheta. Meta los extremos de las baquetas debajo de la banda de piel sobre la cola. Si no hay una banda de piel, ate las baquetas firmemente a la cola con un hilo de 100% algodón. Gire las puntas de las alas debajo de la espalda.

2. Coloque la pechuga de pavo hacia arriba sobre una rejilla en una fuente para asar extragrande y poco profunda. Unte el pavo con 2 cucharadas de aceite. Espolvorea el pavo con el resto del condimento mediterráneo. Inserte un termómetro para carne

apto para horno en el centro de un músculo interno del muslo; el termómetro no debe tocar los huesos. Cubra el pavo sin apretar con papel de aluminio.

3. Hornee por 30 minutos. Reduzca la temperatura del horno a 325°F. Hornee por 1½ horas. Combine las zanahorias y las 2 cucharadas de aceite restantes en un tazón extra grande; revuelva para cubrir. Extienda las zanahorias en una bandeja para hornear grande. Retire el papel de aluminio del pavo y corte tiras de cuero o cordel entre los muslos. Ase las zanahorias y el pavo durante 45 minutos a 1¼ horas más o hasta que el termómetro registre 175°F.

4. Saca el pavo del horno. Cubrir; déjelo reposar de 15 a 20 minutos antes de cortar. Sirva el pavo con zanahorias y puré de raíces con ajo.

Puré de raíces con ajo: recorte y pele de 3 a 3½ libras de colinabos y de 1½ a 2 libras de raíz de apio; córtelo en trozos de 2 pulgadas. Cocine los colinabos y la raíz de apio en una olla de 6 cuartos en suficiente agua hirviendo para cubrir durante 25 a 30 minutos o hasta que estén muy tiernos. Mientras tanto, en una cacerola pequeña, combine 3 cucharadas de aceite virgen extra y de 6 a 8 dientes de ajo picado. Cocine a fuego lento durante 5 a 10 minutos o hasta que el ajo esté muy fragante pero no dorado. Agregue con cuidado ¾ taza de caldo de huesos de pollo (ver_receta_) o caldo de pollo sin sal. Hervir; Retírelo del calor. Escurre las verduras y regresa a la olla. Triture las verduras con un machacador de patatas o bata con una batidora eléctrica a velocidad baja. Agrega ½ cucharadita de pimienta negra. Triture o agregue gradualmente la mezcla de caldo hasta que las verduras estén mezcladas y casi suaves.

Si es necesario, agregue ¼ de taza adicional de caldo de huesos de pollo para lograr la consistencia deseada.

PECHUGA DE PAVO RELLENA CON SALSA PESTO Y ENSALADA DE RÚCULA

PREPARACIÓN:30 minutos de horneado: 1 hora 30 minutos de reposo: 20 minutos rinde: 6 porciones

ESTO ES PARA LOS AMANTES DE LAS CARNES BLANCAS.EXISTE: UNA PECHUGA DE PAVO CRUJIENTE RELLENA DE TOMATES SECADOS AL SOL, ALBAHACA Y ESPECIAS MEDITERRÁNEAS. LAS SOBRAS SON UN EXCELENTE ALMUERZO.

1 taza de tomates secados al sol sin azufre (no envasados en aceite)
1 pechuga de pavo deshuesada de 4 kilos, la mitad con piel
3 cucharaditas de especias mediterráneas (ver receta)
1 taza de hojas de albahaca fresca sin apretar
1 cucharada de aceite de oliva
8 gramos de rúcula baby
3 tomates grandes, partidos por la mitad y en rodajas
¼ taza de aceite de oliva
2 cucharadas de vinagre de vino tinto
Pimienta negra
1½ tazas de pesto de albahaca (ver receta)

1. Precaliente el horno a 375°F. Vierta suficiente agua hirviendo sobre los tomates secos en un tazón pequeño para cubrirlos. Dejar actuar 5 minutos; escurrir y picar finamente.

2. Coloque la pechuga de pavo con la piel hacia abajo sobre una hoja grande de plástico. Coloque otra hoja de plástico sobre el pavo. Usando el lado plano de un mazo para carne, golpee suavemente la pechuga hasta obtener un espesor uniforme, aproximadamente ¾ de pulgada de espesor. Deseche la envoltura de plástico. Espolvorea 1½ cucharaditas de

condimento mediterráneo sobre la carne. Cubra con tomates y hojas de albahaca. Enrolle con cuidado la pechuga de pavo, manteniendo la piel por fuera. Usando hilo de cocina 100% algodón, ate el asado en cuatro a seis lugares para asegurarlo. Unte con 1 cucharada de aceite de oliva. Espolvorea el asado con la 1½ cucharadita restante del condimento mediterráneo.

3. Coloque el asado sobre una rejilla en una fuente poco profunda con la piel hacia arriba. Hornee sin tapar durante 1½ horas o hasta que un termómetro insertado cerca del centro registre 165 °F y la piel esté dorada y crujiente. Saca el pavo del horno. Cubra sin apretar con papel de aluminio; déjelo por 20 minutos antes de cortarlo.

4. Para la ensalada de rúcula, combine la rúcula, los tomates, ¼ de taza de aceite de oliva, vinagre y pimienta al gusto en un tazón grande. Retire los hilos del asado. Pavo en rodajas finas. Sirva con ensalada de rúcula y pesto de albahaca.

PECHUGA DE PAVO PICANTE CON SALSA BBQ DE CEREZAS

PREPARACIÓN:15 minutos Hornear: 1 hora 15 minutos Reposar: 45 minutos Rinde: 6 a 8 porciones

ESTA ES UNA BUENA RECETA PARASIRVE A UNA MULTITUD EN UNA PARRILLA EN EL PATIO TRASERO CUANDO QUIERES HACER ALGO MÁS QUE HAMBURGUESAS. SÍRVELO CON UNA ENSALADA CRUJIENTE, POR EJEMPLO ENSALADA DE BRÓCOLI CRUJIENTE (VERRECETA) O ENSALADA DE COLES DE BRUSELAS RASPADAS (VERRECETA).

- 1 pechuga de pavo entera con hueso de 4 a 5 libras
- 3 cucharadas de condimento ahumado (verreceta)
- 2 cucharadas de jugo de limón fresco
- 3 cucharadas de aceite de oliva
- 1 taza de vino blanco seco, como Sauvignon Blanc
- 1 taza de cerezas Bing frescas o congeladas sin azúcar, sin hueso y picadas
- ⅓ taza de agua
- 1 taza de salsa BBQ (verreceta)

1. Dejar la pechuga de pavo a temperatura ambiente durante 30 minutos. Precalienta el horno a 325°F. Coloque la pechuga de pavo con la piel hacia arriba sobre una rejilla en una fuente larga.

2. Combine el condimento ahumado, el jugo de limón y el aceite de oliva en un tazón pequeño para formar una pasta. Afloje la piel de la carne; Extienda con cuidado la mitad de la pasta sobre la carne debajo de la piel. Extienda el resto de la pasta uniformemente sobre la piel. Vierte el vino en el fondo de la sartén.

3. Ase durante 1¼ a 1½ horas o hasta que la piel esté dorada y un termómetro de lectura instantánea insertado en el centro del asado (sin tocar el hueso) registre 170°F, girando la fuente para asar a la mitad del tiempo de asado. Deje reposar de 15 a 30 minutos antes de cortar.

4. Mientras tanto, para la salsa BBQ de cerezas, combine las cerezas y el agua en una cacerola mediana. Hervir; reduce el calor. Cocine a fuego lento descubierto durante 5 minutos. Agrega la salsa BBQ; cocine a fuego lento durante 5 minutos. Sirva tibio o a temperatura ambiente con el pavo.

LOMO DE PAVO ESTOFADO AL VINO

PREPARACIÓN:30 minutos de cocción: 35 minutos rinden: 4 porciones

COCINAR EL PAVO FRITOEN UNA COMBINACIÓN DE VINO, TOMATES ROMA PICADOS, CALDO DE POLLO, HIERBAS FRESCAS Y PIMIENTO ROJO TRITURADO LE DA UN GRAN SABOR. SIRVA ESTE PLATO PARECIDO A UN GUISO EN TAZONES POCO PROFUNDOS Y CON CUCHARAS GRANDES PARA OBTENER UN POCO DEL SABROSO CALDO CON CADA BOCADO.

- 2 solomillos de pavo de 8 a 12 onzas, cortados en trozos de 1 pulgada
- 2 cucharadas de condimento para aves sin sal agregada
- 2 cucharadas de aceite de oliva
- 6 dientes de ajo, finamente picados (1 cucharada)
- 1 taza de cebolla picada
- ½ taza de apio picado
- 6 tomates Roma, sin semillas y picados (aproximadamente 3 tazas)
- ½ taza de vino blanco seco, como Sauvignon Blanc
- ½ taza de caldo de huesos de pollo (ver_receta_) o caldo de pollo sin sal
- ½ cucharadita de romero fresco finamente picado
- ¼ a ½ cucharadita de pimiento rojo triturado
- ½ taza de hojas de albahaca fresca, picadas
- ½ taza de perejil fresco picado

1. En un tazón grande, mezcle los trozos de pavo con el condimento para aves para cubrirlos. Calienta 1 cucharada de aceite de oliva a fuego medio en una sartén antiadherente extra grande. Cocine el pavo en tandas en aceite caliente hasta que se dore por todos lados. (No es necesario cocinar bien el pavo). Transfiera a un plato y manténgalo caliente.

2. Agrega la cucharada restante de aceite de oliva a la sartén. Aumenta el fuego a medio alto. Agrega el ajo; cocine y revuelva durante 1 minuto. Agrega la cebolla y el apio; cocine y revuelva durante 5 minutos. Agrega el pavo y el jugo del plato, los tomates, el vino, el caldo de huesos de pollo, el romero y el pimiento rojo triturado. Reduce el calor a medio-bajo. Tape y cocine por 20 minutos, revolviendo ocasionalmente. Agrega la albahaca y el perejil. Destape y cocine por 5 minutos más o hasta que el pavo ya no esté rosado.

PECHUGA DE PAVO SALTEADA CON SALSA DE CEBOLLINO Y GAMBAS

PREPARACIÓN:30 minutos de cocción: 15 minutos rinden: 4 porciones<u>IMAGEN</u>

CORTAR LOS FILETES DE PAVO POR LA MITAD.HORIZONTALMENTE LO MÁS UNIFORMEMENTE POSIBLE, PRESIONE CADA UNO LIGERAMENTE CON LA PALMA DE SU MANO, APLICANDO UNA PRESIÓN CONSTANTE MIENTRAS CORTA LA CARNE.

- ¼ taza de aceite de oliva
- 2 solomillos de pechuga de pavo de 8 a 12 onzas, cortados por la mitad horizontalmente
- ¼ cucharadita de pimienta negra recién molida
- 3 cucharadas de aceite de oliva
- 4 dientes de ajo, finamente picados
- 8 onzas de camarones medianos pelados y desvenados, sin colas y cortados por la mitad a lo largo
- ¼ de taza de vino blanco seco, caldo de huesos de pollo (ver<u>receta</u>), o caldo de pollo sin sal
- 2 cucharadas de cebollino fresco picado
- ½ cucharadita de piel de limón finamente rallada
- 1 cucharada de jugo de limón fresco
- Fideos de calabaza y tomates (ver<u>receta</u>, abajo) (opcional)

1. Calienta 1 cucharada de aceite de oliva en una sartén extra grande a fuego medio-alto. Agrega el pavo a la sartén; espolvorear con pimienta. Reduce el fuego a medio. Hornee durante 12 a 15 minutos o hasta que ya no esté rosado y los jugos salgan claros (165 °F), volteándolos una vez a la mitad de la cocción. Retire los filetes de pavo de la sartén. Cubrir con papel de aluminio para mantener el calor.

2. Para la salsa, calienta las 3 cucharadas de aceite en la misma sartén a fuego medio. Agrega el ajo; cocine por 30 segundos. Agrega los camarones; cocine y revuelva durante 1 minuto. Agrega el vino, el cebollino y la ralladura de limón; cocine y revuelva durante 1 minuto más o hasta que los camarones estén opacos. Alejar del calor; agregue el jugo de limón. Para servir, vierta la salsa sobre los filetes de pavo. Si lo desea, sírvalo con fideos de calabacín y tomates.

Fideos de calabaza y tomates: Con una mandolina o un pelador en juliana, corte 2 calabazas amarillas de verano en tiras en juliana. Calienta 1 cucharada de aceite de oliva virgen extra a fuego medio-alto en una sartén grande. Agrega las tiras de calabaza; cocine por 2 minutos. Agrega 1 taza de tomates uva partidos y ¼ de cucharadita de pimienta negra recién molida; cocine por 2 minutos más o hasta que la calabaza esté tierna y crujiente.

MUSLOS DE PAVO ESTOFADOS CON TUBÉRCULOS

PREPARACIÓN:30 minutos de cocción: 1 hora 45 minutos rinde: 4 porciones

ESTE ES UNO DE ESOS PLATOSQUIERES COCINAR EN UNA FRESCA TARDE DE OTOÑO CUANDO TIENES TIEMPO PARA SALIR A CAMINAR MIENTRAS SE CUECE A FUEGO LENTO EN EL HORNO. SI EL EJERCICIO NO LE ABRE EL APETITO, EL MARAVILLOSO AROMA QUE SENTIRÁ AL CRUZAR LA PUERTA SIN DUDA LO HARÁ.

- 3 cucharadas de aceite de oliva
- 4 muslos de pavo de 20 a 24 onzas
- ½ cucharadita de pimienta negra recién molida
- 6 dientes de ajo, pelados y machacados
- 1½ cucharadita de semillas de hinojo, machacadas
- 1 cucharadita de pimienta de Jamaica entera, machacada*
- 1½ tazas de caldo de huesos de pollo (ver receta) o caldo de pollo sin sal
- 2 ramitas de romero fresco
- 2 ramitas de tomillo fresco
- 1 hoja de laurel
- 2 cebollas grandes, peladas y cortadas en 8 rodajas cada una
- 6 zanahorias grandes, peladas y cortadas en rodajas de 1 pulgada
- 2 nabos grandes, pelados y cortados en cubos de 1 pulgada
- 2 chirivías medianas, peladas y cortadas en rodajas de 1 pulgada**
- 1 raíz de apio, pelada y cortada en trozos de 1 pulgada

1. Precaliente el horno a 350°F. Calienta el aceite de oliva a fuego medio-alto en una sartén grande hasta que brille. Agrega 2 de las piernas de pavo. Hornear durante aprox. 8 minutos o hasta que las piernas estén doradas y crujientes por todos lados, dorándose uniformemente. Transfiera las piernas de pavo a un

plato; repita con las 2 piernas de pavo restantes. Poner a un lado.

2. Agregue pimienta, ajo, semillas de hinojo y semillas de hinojo a la olla. Cocine y revuelva a fuego medio durante 1 a 2 minutos o hasta que esté fragante. Agregue el caldo de huesos de pollo, el romero, el tomillo y las hojas de laurel. Deje hervir, revolviendo para raspar los trozos dorados del fondo de la sartén. Retire la sartén del fuego y reserve.

3. Combine las cebollas, las zanahorias, los nabos, las chirivías y la raíz de apio en una olla extragrande con tapa hermética. Agrega el líquido de la sartén; revuelva para cubrir. Presione las piernas de pavo en la mezcla de verduras. Cubrir con una tapa.

4. Ase durante aproximadamente 1 hora y 45 minutos o hasta que las verduras estén tiernas y el pavo bien cocido. Sirva los muslos de pavo y las verduras en tazones grandes y poco profundos. Rocíe el jugo de la sartén por encima.

*Consejo: Para triturar semillas de pimienta de Jamaica y de hinojo, colóquelas en una tabla de cortar. Utilice el lado plano de un cuchillo de chef y presione hacia abajo para triturar ligeramente las semillas.

**Consejo: corte los trozos grandes de la parte superior de la chirivía.

PASTEL DE CARNE DE PAVO CON HIERBAS, SALSA DE TOMATE DE CEBOLLA CARAMELIZADA Y TROZOS DE REPOLLO FRITO

PREPARACIÓN:15 minutos hirviendo: 30 minutos horneando: 1 hora 10 minutos reposando: 5 minutos rinde: 4 porciones

EL CLÁSICO PASTEL DE CARNE CON KETCHUP DEFINITIVAMENTE ESEN EL MENÚ PALEO CUANDO EL KETCHUP (VER<u>RECETA</u>) NO TIENE SAL NI AZÚCAR AÑADIDO. AQUÍ EL KETCHUP SE MEZCLA CON CEBOLLAS CARAMELIZADAS, QUE SE COLOCAN ENCIMA DEL PASTEL DE CARNE ANTES DE FREÍRLO.

- 1½ libras de pavo molido
- 2 huevos, ligeramente batidos
- ½ taza de harina de almendras
- ⅓ taza de perejil fresco picado
- ¼ de taza de cebollines en rodajas finas (2)
- 1 cucharada de salvia fresca picada o 1 cucharadita de salvia seca, triturada
- 1 cucharada de tomillo fresco picado o 1 cucharadita de tomillo seco triturado
- ¼ cucharadita de pimienta negra
- 2 cucharadas de aceite de oliva
- 2 cebollas dulces, partidas por la mitad y en rodajas finas
- 1 taza de Paleo Ketchup (ver<u>receta</u>)
- 1 cabeza pequeña de repollo, partida por la mitad, sin corazón y cortada en 8 rodajas
- ½ a 1 cucharadita de pimiento rojo triturado

1. Precaliente el horno a 350°F. Forre una fuente para hornear grande con papel pergamino; poner a un lado. Combine el pavo molido, el huevo, la harina de almendras, el perejil, la cebolla, la salvia, el tomillo y la pimienta negra en un tazón grande. En el

molde para hornear preparado, forme una hogaza de 8×4 pulgadas con la mezcla de pavo. Hornea por 30 minutos.

2. Mientras tanto, para el ketchup de cebolla caramelizada, caliente 1 cucharada de aceite de oliva en una sartén grande a fuego medio. Agrega la cebolla; cocine por aprox. 5 minutos o hasta que la cebolla comience a dorarse, revolviendo con frecuencia. Reduce el calor a medio-bajo; cocine por aprox. 25 minutos o hasta que estén dorados y muy suaves, revolviendo ocasionalmente. Alejar del calor; agregue el Paleo Ketchup.

3. Vierta un poco de salsa de tomate de cebolla caramelizada sobre el pan de pavo. Coloca trozos de repollo alrededor del pan. Rocíe el repollo con la cucharada restante de aceite de oliva; espolvorear con pimiento rojo triturado. Hornear durante aprox. 40 minutos o hasta que un termómetro insertado en el centro del pan registre 165°F, cubra con salsa de tomate de cebolla caramelizada adicional y voltee los trozos de repollo después de 20 minutos. Deje reposar el pan de pavo durante 5 a 10 minutos antes de cortarlo.

4. Sirva el pan de pavo con trozos de repollo y el resto del ketchup de cebolla caramelizada.

POSOLE DE PAVO

PREPARACIÓN:20 minutos de horneado: 8 minutos de horneado: 16 minutos rinde: 4 porciones

LOS ADEREZOS DE ESTA CÁLIDA SOPA AL ESTILO MEXICANOES MÁS QUE UNA GUARNICIÓN. EL CILANTRO APORTA UN SABOR DISTINTIVO, EL AGUACATE APORTA CREMOSIDAD Y LAS PEPITAS ASADAS DAN UN CRUJIDO MARAVILLOSO.

- 8 tomates frescos
- 1¼ a 1½ libras de pavo molido
- 1 pimiento rojo, sin semillas y cortado en tiras finas
- ½ taza de cebolla picada (1 mediana)
- 6 dientes de ajo, finamente picados (1 cucharada)
- 1 cucharada de condimento mexicano (ver receta)
- 2 tazas de caldo de huesos de pollo (ver receta) o caldo de pollo sin sal
- 1 lata de 14.5 onzas de tomates asados al fuego sin sal agregada, sin escurrir
- 1 chile jalapeño o serrano, sin semillas y picado (ver Consejos)
- 1 aguacate mediano, partido por la mitad, pelado, sin semillas y en rodajas finas
- ¼ de taza de pepitas sin sal, tostadas (ver Consejos)
- ¼ de taza de cilantro fresco picado
- Rodajas de limón

1. Precalienta el asador. Retire la piel de los tomatillos y deséchelos. Lava los tomatillos y córtalos por la mitad. Coloque las mitades de tomatillo en la rejilla sin calentar de una asadera. Hornee de 4 a 5 pulgadas del fuego durante 8 a 10 minutos o hasta que estén ligeramente carbonizados, volteándolos una vez a la mitad de la cocción. Dejar enfriar un poco en el molde sobre una rejilla.

2. Mientras tanto, cocine el pavo, el pimiento dulce y la cebolla en una sartén grande a fuego medio-alto durante 5 a 10 minutos o hasta que el pavo esté dorado y las verduras tiernas, revolviendo con una cuchara de madera para desmenuzar la carne mientras se cocina. Escurrir la grasa si es necesario. Agrega el ajo y el condimento mexicano. Cocine y revuelva por 1 minuto más.

3. Combine aproximadamente dos tercios de los tomatillos carbonizados y 1 taza de caldo de huesos de pollo en una licuadora. Cubra y mezcle hasta que quede suave. Agrega la mezcla de pavo a la sartén. Agregue la taza restante de caldo de huesos de pollo, los tomates sin escurrir y los chiles. Pica en trozos grandes los tomatillos restantes; agregue a la mezcla de pavo. Hervir; reduce el calor. Cubra y cocine a fuego lento durante 10 minutos.

4. Para servir, vierta la sopa en tazones poco profundos. Cubra con aguacate, pepitas y cilantro. Pida rodajas de lima para exprimir sobre la sopa.

CALDO DE HUESOS DE POLLO

PREPARACIÓN:15 minutos Asado: 30 minutos Hervir: 4 horas Enfriar: toda la noche Rinde: aproximadamente 10 tazas

PARA EL MEJOR SABOR, EL MÁS FRESCO Y EL MÁS ALTOCONTENIDO NUTRICIONAL: UTILICE CALDO DE POLLO CASERO EN SUS RECETAS. (TAMPOCO CONTIENE SAL, CONSERVANTES NI ADITIVOS). ASAR LOS HUESOS ANTES DE HERVIRLOS MEJORA EL SABOR. A MEDIDA QUE SE COCINAN LENTAMENTE EN LÍQUIDO, LOS HUESOS INFUNDEN AL CALDO MINERALES COMO CALCIO, FÓSFORO, MAGNESIO Y POTASIO. LA SIGUIENTE VARIACIÓN DE OLLA DE COCCIÓN LENTA HACE QUE SEA PARTICULARMENTE FÁCIL DE HACER. CONGÉLALO EN RECIPIENTES DE 2 Y 4 TAZAS Y DESCONGELA SOLO LO QUE NECESITES.

- 2 libras de alitas de pollo y lomo
- 4 zanahorias, picadas
- 2 puerros grandes, solo las partes blancas y verde pálido, en rodajas finas
- 2 tallos de apio con hojas, picados en trozos grandes
- 1 chirivía, picada en trozos grandes
- 6 ramitas grandes de perejil italiano (de hoja plana)
- 6 ramitas de tomillo fresco
- 4 dientes de ajo, partidos por la mitad
- 2 cucharaditas de granos de pimienta negra enteros
- 2 dientes enteros
- Agua fría

1. Precaliente el horno a 425°F. Coloque las alitas y el lomo de pollo en una bandeja para hornear grande; hornee de 30 a 35 minutos o hasta que esté bien dorado.

2. Transfiera los trozos de pollo dorados y los trozos dorados que se hayan acumulado en la bandeja para hornear a una olla grande.

Agregue las zanahorias, los puerros, el apio, las chirivías, el perejil, el tomillo, el ajo, los granos de pimienta y los clavos. Agregue suficiente agua fría (unas 12 tazas) a una olla grande para cubrir el pollo y las verduras. Llevar a ebullición a fuego medio; Ajuste el fuego para mantener el caldo a fuego lento, con burbujas apenas rompiendo la superficie. Cubra y cocine a fuego lento durante 4 horas.

3. Cuela el caldo caliente a través de un colador grande cubierto con dos capas de estopilla húmeda de 100% algodón. Desechar los sólidos. Cubrir con caldo y refrigerar durante la noche. Antes de usar, retire la capa de grasa de la parte superior del caldo y deséchela.

Consejo: Para hacer caldo (opcional), combine 1 clara de huevo, 1 cáscara de huevo triturada y ¼ de taza de agua fría en un tazón pequeño. Agrega la mezcla al caldo colado en la olla. Volvamos a cocinar. Alejar del calor; dejar actuar 5 minutos. Cuele el caldo caliente a través de un colador forrado con una doble capa fresca de estopilla 100% algodón. Dejar enfriar y quitar la grasa antes de usar.

Instrucciones para la olla de cocción lenta: Prepárelo como se indica, excepto en el Paso 2, donde coloque los ingredientes en una olla de cocción lenta de 5 a 6 cuartos. Tapar y cocinar a fuego lento durante 12 a 14 horas. Continúe como se indica en el paso 3. Rinde aproximadamente 10 tazas.

SALMÓN VERDE HARISSA

PREPARACIÓN:25 minutos para asar: 10 minutos para asar: 8 minutos rinden: 4 porcionesIMAGEN

SE UTILIZA UN PELADOR DE VERDURAS ESTÁNDAR.CORTAR LOS ESPÁRRAGOS CRUDOS FRESCOS EN TIRAS FINAS PARA LA ENSALADA. MEZCLADO CON UNA BRILLANTE VINAGRETA DE CÍTRICOS (VERRECETA) Y CUBIERTO CON SEMILLAS DE GIRASOL TOSTADAS Y AHUMADAS, ES UN ACOMPAÑAMIENTO REFRESCANTE PARA EL SALMÓN Y LA SALSA PICANTE DE HIERBAS VERDES.

SALMÓN
    4 filetes de salmón sin piel, frescos o congelados, de 6 a 8 onzas, de aproximadamente 1 pulgada de grosor
    Aceite de oliva

HARISSA
    1½ cucharadita de semillas de comino
    1½ cucharadita de semillas de cilantro
    1 taza de hojas de perejil fresco bien apretadas
    1 taza de cilantro fresco picado en trozos grandes (hojas y tallos)
    2 jalapeños, sin semillas y picados (verConsejos)
    1 cebollino, picado
    2 dientes de ajo
    1 cucharadita de piel de limón finamente rallada
    2 cucharadas de jugo de limón fresco
    ⅓ taza de aceite de oliva

SEMILLAS DE GIRASOL ESPECIADAS
    ⅓ taza de semillas de girasol crudas
    1 cucharadita de aceite de oliva
    1 cucharadita de condimento ahumado (verreceta)

ENSALADA
12 espárragos grandes, recortados (aproximadamente 1 libra)
⅓ taza de vinagreta de cítricos brillantes (ver receta)

1. Descongelar el pescado, si está congelado; secar con toallas de papel. Unte ligeramente ambos lados del pescado con aceite de oliva. Poner a un lado.

2. Para la harissa, tuesta las semillas de comino y cilantro en una sartén pequeña a fuego medio-bajo durante 3 a 4 minutos o hasta que estén ligeramente tostadas y fragantes. Combine el comino tostado y las semillas de cilantro, el perejil, el cilantro, los jalapeños, las cebolletas, el ajo, la ralladura de limón, el jugo de limón y el aceite de oliva en un procesador de alimentos. Procese hasta que quede suave. Poner a un lado.

3. Para las semillas de girasol sazonadas, precaliente el horno a 300°F. Forre una bandeja para hornear con papel de hornear; poner a un lado. Combine las semillas de girasol y 1 cucharadita de aceite de oliva en un tazón pequeño. Espolvorea el condimento ahumado sobre las semillas; revuelva para cubrir. Distribuya las semillas de girasol uniformemente sobre el papel de horno. Hornee durante unos 10 minutos o hasta que esté ligeramente tostado.

4. Para una parrilla de carbón o gas, coloque el salmón en una parrilla engrasada directamente a fuego medio. Cubra y cocine a la parrilla durante 8 a 12 minutos o hasta que el pescado se desmenuce al probarlo con un tenedor, volteándolo una vez a la mitad de la parrilla.

5. Mientras tanto, para la ensalada, use un pelador de verduras y afeite los espárragos en tiras largas y delgadas. Transfiera a un plato o tazón mediano. (Las puntas se aflojarán a medida que

las brochetas se adelgacen; colóquelas en un plato o tazón). Rocíe vinagreta de cítricos brillantes sobre las brochetas raspadas. Espolvorea sobre semillas de girasol especiadas.

6. Para servir, coloque un filete en cada uno de los cuatro platos; vierta un poco de harissa verde sobre cada filete. Sirva con ensalada de espárragos raspados.

SALMÓN A LA PLANCHA CON ENSALADA DE CORAZONES DE ALCACHOFA MARINADOS

PREPARACIÓN: Grill de 20 minutos: 12 minutos rinde: 4 porciones

A MENUDO, LAS MEJORES HERRAMIENTAS PARA PREPARAR UNA ENSALADA.SON TUS MANOS. INCORPORAR LAS TIERNAS LECHUGAS Y LAS ALCACHOFAS ASADAS A ESTA ENSALADA ES MEJOR HACERLO CON LAS MANOS LIMPIAS.

- 4 filetes de salmón fresco o congelado de 6 onzas
- 1 paquete de 9 onzas de corazones de alcachofa congelados, descongelados y escurridos
- 5 cucharadas de aceite de oliva
- 2 cucharadas de chalotas picadas
- 1 cucharada de piel de limón finamente rallada
- ¼ de taza de jugo de limón fresco
- 3 cucharadas de orégano fresco picado
- ½ cucharadita de pimienta negra recién molida
- 1 cucharada de especias mediterráneas (ver receta)
- 1 paquete de 5 onzas de ensalada mixta para bebés

1. Descongelar el pescado, si está congelado. enjuagar el pescado; secar con toallas de papel. Reserva el pescado.

2. En un tazón mediano, mezcle los corazones de alcachofa con 2 cucharadas de aceite de oliva; poner a un lado. Combine 2 cucharadas de aceite de oliva, chalotes, ralladura de limón, jugo de limón y orégano en un tazón grande; poner a un lado.

3. Para una parrilla de carbón o gas, coloque los corazones de alcachofa en una canasta para parrilla y áselos directamente a fuego medio-alto. Cubra y ase durante 6 a 8 minutos o hasta

que esté bien carbonizado y caliente, revolviendo con frecuencia. Retire las alcachofas de la parrilla. Deje enfriar durante 5 minutos y luego agregue las alcachofas a la mezcla de chalotas. Sazone con pimienta; revuelva para cubrir. Poner a un lado.

4. Unte el salmón con la 1 cucharada de aceite de oliva restante; espolvorea sobre el condimento mediterráneo. Coloque el salmón en la parrilla, con el lado sazonado hacia abajo, directamente a fuego medio-alto. Cubra y cocine a la parrilla durante 6 a 8 minutos o hasta que el pescado comience a desmenuzarse cuando se prueba con un tenedor, volteándolo con cuidado una vez a la mitad de la parrilla.

5. Coloque la ensalada en un tazón con las alcachofas marinadas; revuelva suavemente para cubrir. Sirva la ensalada con salmón asado.

SALMÓN FRITO CON CHILE Y SALVIA CON SALSA DE TOMATE VERDE

PREPARACIÓN:35 minutos de enfriamiento: 2 a 4 horas de horneado: 10 minutos rinde: 4 porciones

"TOSTADO RÁPIDO" SE REFIERE A LA TÉCNICACALENTAR UNA SARTÉN SECA EN EL HORNO A TEMPERATURA ALTA, AÑADIR UN POCO DE ACEITE Y EL PESCADO, EL POLLO O LA CARNE (¡CHISPORROTEA!), LUEGO TERMINAR EL PLATO EN EL HORNO. LA FRITURA RÁPIDA REDUCE EL TIEMPO DE COCCIÓN Y CREA UNA CORTEZA DELICIOSA Y CRUJIENTE POR FUERA Y UN INTERIOR JUGOSO Y SABROSO.

SALMÓN
- 4 filetes de salmón fresco o congelado de 5 a 6 onzas
- 3 cucharadas de aceite de oliva
- ¼ de taza de cebolla finamente picada
- 2 dientes de ajo, pelados y rebanados
- 1 cucharada de cilantro molido
- 1 cucharadita de comino molido
- 2 cucharaditas de pimentón dulce
- 1 cucharadita de orégano seco, triturado
- ¼ cucharadita de pimienta de cayena
- ⅓ taza de jugo de limón fresco
- 1 cucharada de salvia fresca picada

SALSA DE TOMATE VERDE
- 1½ tazas de tomates verdes firmes cortados en cubitos
- ⅓ taza de cebolla morada finamente picada
- 2 cucharadas de cilantro fresco picado
- 1 jalapeño, sin semillas y picado (verConsejos)
- 1 diente de ajo, finamente picado
- ½ cucharadita de comino molido
- ¼ cucharadita de chile en polvo

2 a 3 cucharadas de jugo de lima fresco

1. Descongelar el pescado, si está congelado. enjuagar el pescado; secar con toallas de papel. Reserva el pescado.

2. Para la pasta de chile y salvia, combine 1 cucharada de aceite de oliva, cebolla y ajo en una cacerola pequeña. Cocine a fuego lento durante 1 a 2 minutos o hasta que esté fragante. Agrega el cilantro y el comino; cocine y revuelva durante 1 minuto. Agrega el pimentón, el orégano y la pimienta de cayena; cocine y revuelva durante 1 minuto. Agrega el jugo de lima y la salvia; cocine y revuelva durante unos 3 minutos o hasta que se forme una pasta suave; Frío.

3. Con los dedos, cubra ambos lados de los filetes con pasta de chile y salvia. Coloque el pescado en un vaso o plato no reactivo; cúbralo bien con una envoltura de plástico. Refrigere de 2 a 4 horas.

4. Mientras tanto, para la salsa, combine los tomates, la cebolla, el cilantro, el jalapeño, el ajo, el comino y el chile en polvo en un tazón mediano. Revuelva bien para mezclar. Rocíe con jugo de lima; revuelva para cubrir.

4. Usa una espátula de goma y raspa toda la pasta que puedas del salmón. Deseche la pasta.

5. Coloque una olla de hierro fundido extra grande en el horno. Ponga el horno a 500°F. Precalienta el horno con una sartén dentro.

6. Saca la sartén caliente del horno. Vierta 1 cucharada de aceite de oliva en la sartén. Incline la sartén para cubrir el fondo de la sartén con aceite. Coloque los filetes en la sartén con la piel

hacia abajo. Unte la parte superior de los filetes con la 1 cucharada de aceite de oliva restante.

7. Hornee el salmón durante unos 10 minutos o hasta que el pescado comience a desmenuzarse al probarlo con un tenedor. Sirva el pescado con salsa.

SALMÓN ASADO Y ESPÁRRAGOS EN PAPILLOTE CON PESTO DE LIMÓN Y AVELLANAS

PREPARACIÓN:20 minutos de horneado: 17 minutos rinden: 4 porciones

COCINAR "EN PAPILLOTE" SIGNIFICA SIMPLEMENTE COCINAR SOBRE PAPEL.ES UNA HERMOSA MANERA DE COCINAR POR MUCHAS RAZONES. EL PESCADO Y LAS VERDURAS SE COCINAN AL VAPOR DENTRO DEL PAQUETE DE PERGAMINO, SELLANDO EL JUGO, EL SABOR Y LOS NUTRIENTES, Y NO HAY OLLAS NI SARTENES QUE LAVAR DESPUÉS.

    4 filetes de salmón fresco o congelado de 6 onzas
    1 taza de hojas de albahaca fresca ligeramente compactadas
    1 taza de hojas de perejil fresco ligeramente compactadas
    ½ taza de avellanas tostadas*
    5 cucharadas de aceite de oliva
    1 cucharadita de piel de limón finamente rallada
    2 cucharadas de jugo de limón fresco
    1 diente de ajo, picado
    1 libra de espárragos magros, recortados
    4 cucharadas de vino blanco seco

1. Descongelar el salmón, si está congelado. enjuagar el pescado; secar con toallas de papel. Precalienta el horno a 400°F.

2. Para el pesto, combine la albahaca, el perejil, las avellanas, el aceite de oliva, la ralladura de limón, el jugo de limón y el ajo en una licuadora o procesador de alimentos. Cubra y licue o procese hasta que quede suave; poner a un lado.

3. Corte cuatro cuadrados de papel pergamino de 12 pulgadas. Para cada paquete, coloque un filete de salmón en el centro de un

cuadrado de pergamino. Cubra con una cuarta parte de los espárragos y de 2 a 3 cucharadas de pesto; rocíe con 1 cucharada de vino. Levante dos lados opuestos del papel de horno y doble el pescado varias veces. Dobla los extremos del pergamino para sellar. Repita para hacer tres paquetes más.

4. Hornee durante 17 a 19 minutos o hasta que el pescado comience a desmenuzarse al probarlo con un tenedor (abra con cuidado el paquete para verificar que esté cocido).

*Consejo: Para tostar avellanas, precaliente el horno a 350°F. Extienda las nueces en una sola capa en una sartén poco profunda. Hornee de 8 a 10 minutos o hasta que esté ligeramente tostado, revolviendo una vez para tostar uniformemente. Enfriar un poco las nueces. Coloque las nueces calientes sobre un paño de cocina limpio; Frote con la toalla para quitar las pieles sueltas.

SALMÓN UNTADO CON ESPECIAS CON SALSA DE CHAMPIÑONES Y MANZANA

EMPEZAR A ACABAR: 40 minutos rinden: 4 porciones

ESTE FILETE DE SALMÓN ENTERO CUBIERTO CON UNA MEZCLA DE CHAMPIÑONES SALTEADOS, CHALOTES Y RODAJAS DE MANZANA DE PIEL ROJA (Y SERVIDO SOBRE UNA CAMA DE ESPINACAS DE COLOR VERDE BRILLANTE) ES UN PLATO IMPRESIONANTE PARA SERVIR A LOS INVITADOS.

- 1 1½ libras de filetes de salmón enteros, frescos o congelados, con piel
- 1 cucharadita de semillas de hinojo, finamente trituradas*
- ½ cucharadita de salvia seca, triturada
- ½ cucharadita de cilantro molido
- ¼ cucharadita de mostaza seca
- ¼ cucharadita de pimienta negra
- 2 cucharadas de aceite de oliva
- 1½ tazas de champiñones cremini frescos, cortados en cuartos
- 1 chalota mediana, en rodajas muy finas
- 1 manzana pequeña para cocinar, cortada en cuartos, sin corazón y en rodajas finas
- ¼ de taza de vino blanco seco
- 4 tazas de espinacas frescas
- Pequeñas ramitas de salvia fresca (opcional)

1. Descongelar el salmón, si está congelado. Precalienta el horno a 425°F. Forre una bandeja para hornear grande con papel de hornear; poner a un lado. enjuagar el pescado; secar con toallas de papel. Coloque el salmón con la piel hacia abajo sobre la bandeja para hornear preparada. Combine las semillas de hinojo, ½ cucharadita de salvia seca, cilantro, mostaza y

pimienta en un tazón pequeño. Espolvorea uniformemente sobre el salmón; frotar con los dedos.

2. Mida el grosor del pescado. Ase el salmón de 4 a 6 minutos por cada ½ pulgada de espesor o hasta que el pescado comience a desmenuzarse al probarlo con un tenedor.

3. Mientras tanto, para la salsa, caliente el aceite de oliva en una sartén grande a fuego medio. Agrega los champiñones y las chalotas; cocine de 6 a 8 minutos o hasta que los champiñones estén tiernos y comiencen a dorarse, revolviendo ocasionalmente. Agrega la manzana; tape y cocine y revuelva por otros 4 minutos. Agrega el vino con cuidado. Cocine, sin tapar, de 2 a 3 minutos o hasta que las rodajas de manzana estén tiernas. Con una espumadera, transfiera la mezcla de champiñones a un tazón mediano; tapar para mantener el calor.

4. Cocine las espinacas en la misma sartén durante 1 minuto o hasta que apenas se ablanden, revolviendo constantemente. Divida las espinacas en cuatro platos para servir. Corte el filete de salmón en cuatro partes iguales, córtelo hasta la piel, pero no a través de ella. Utilice una espátula grande para levantar las porciones de salmón de la piel; coloque una porción de salmón sobre espinacas en cada plato. Vierta la mezcla de champiñones uniformemente sobre el salmón. Si lo desea, decore con salvia fresca.

*Consejo: Utilice un mortero o un molinillo de especias para triturar finamente las semillas de hinojo.

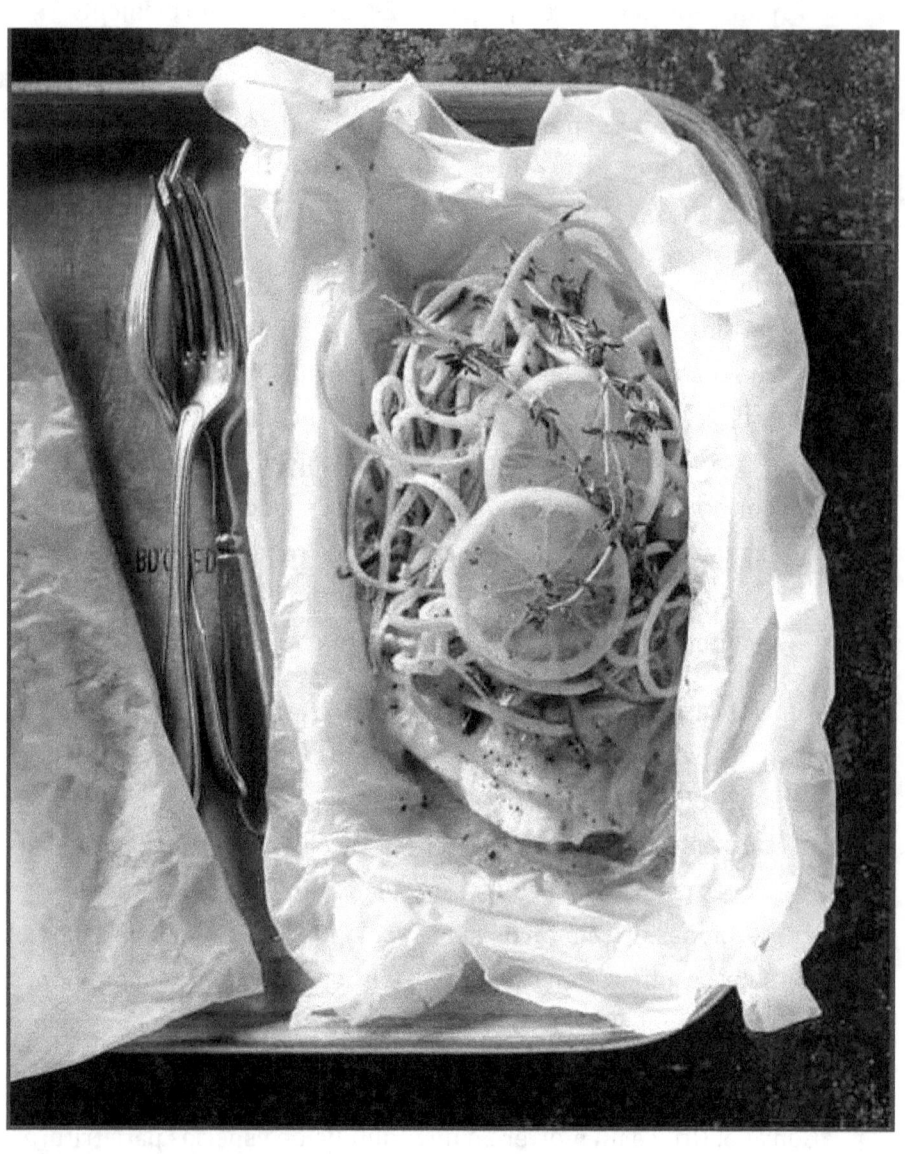

LENGUADO EN PAPILLOTE CON VERDURAS EN JULIANA

PREPARACIÓN:30 minutos de asado: 12 minutos rinden: 4 porcionesIMAGEN

CIERTAMENTE PUEDES CORTAR LAS VERDURAS EN JULIANA.CON UN BUEN CUCHILLO DE CHEF AFILADO, PERO LLEVA MUCHO TIEMPO. UN PELADOR DE JULIANA (VER"EQUIPO") AGILIZA LA CREACIÓN DE TIRAS DE VERDURAS LARGAS, DELGADAS Y DE FORMAS CONSISTENTES.

- 4 filetes de lenguado, platija u otro pescado blanco firme, fresco o congelado, de 6 onzas
- 1 calabacín, cortado en juliana
- 1 zanahoria grande, cortada en juliana
- ½ cebolla morada, cortada en juliana
- 2 tomates roma, sin semillas y finamente picados
- 2 dientes de ajo, finamente picados
- 1 cucharada de aceite de oliva
- ½ cucharadita de pimienta negra
- 1 limón, cortado en 8 rodajas finas, sin semillas
- 8 ramitas de tomillo fresco
- 4 cucharaditas de aceite de oliva
- ¼ de taza de vino blanco seco

1. Descongelar el pescado, si está congelado. Precalienta el horno a 375°F. Combine la calabaza, la zanahoria, la cebolla, los tomates y el ajo en un tazón grande. Agrega 1 cucharada de aceite de oliva y ¼ de cucharadita de pimienta; mezcle bien para combinar. Reserva las verduras.

2. Corte cuatro cuadrados de papel pergamino de 14 pulgadas. enjuagar el pescado; secar con toallas de papel. Coloca un filete en el centro de cada cuadrado. Espolvorea con el ¼ de cucharadita de pimienta restante. Coloque las verduras, las

rodajas de limón y las ramitas de tomillo encima de los filetes, dividiéndolos uniformemente. Rocíe cada pila con 1 cucharadita de aceite de oliva y 1 cucharada de vino blanco.

3. Trabajando con un paquete a la vez, levante dos lados opuestos del papel de hornear y dóblelo varias veces sobre el pescado. Dobla los extremos del pergamino para sellar.

4. Coloque los paquetes en una bandeja para hornear grande. Hornear durante aprox. 12 minutos o hasta que el pescado comience a desmenuzarse al probarlo con un tenedor (abre el paquete con cuidado para comprobar si está listo).

5. Para servir, coloque cada paquete en un plato; Abra los paquetes con cuidado.

TACOS DE PESCADO CON PESTO DE RÚCULA Y CREMA DE LIMA AHUMADA

PREPARACIÓN:30 minutos Asado a la parrilla: 4 a 6 minutos por cada ½ pulgada de espesor Rinde: 6 porciones

PUEDES SUSTITUIR EL BACALAO POR LENGUADO.- PERO NO TILAPIA. DESAFORTUNADAMENTE, LA TILAPIA ES UNA DE LAS PEORES OPCIONES DE PESCADO. SE CRÍA CASI UNIVERSALMENTE EN GRANJAS Y, A MENUDO, SE ENCUENTRA EN CONDICIONES TERRIBLES, POR LO QUE, SI BIEN LA TILAPIA ES CASI OMNIPRESENTE, DEBE EVITARSE.

- 4 filetes de lenguado frescos o congelados de 4 a 5 onzas, de aproximadamente ½ pulgada de grosor
- 1 receta de pesto de rúcula (ver receta)
- ½ taza de crema de anacardos (ver receta)
- 1 cucharadita de condimento ahumado (ver receta)
- ½ cucharadita de piel de lima finamente rallada
- 12 hojas de lechuga mantecosa
- 1 aguacate maduro, partido por la mitad, sin semillas, pelado y en rodajas finas
- 1 taza de tomate picado
- ¼ de taza de cilantro fresco picado
- 1 lima, cortada en cubitos

1. Descongelar el pescado, si está congelado. enjuagar el pescado; secar con toallas de papel. Reserva el pescado.

2. Frote un poco del pesto de rúcula por ambos lados del pescado.

3. Para una parrilla de carbón o gas, coloque el pescado sobre una rejilla engrasada directamente a fuego medio. Cubra y cocine a la parrilla durante 4 a 6 minutos o hasta que el pescado se

desmenuce al probarlo con un tenedor, volteándolo una vez a la mitad de la parrilla.

4. Mientras tanto, para la crema de lima ahumada, mezcle la crema de anacardo, el condimento ahumado y la ralladura de lima en un tazón pequeño.

5. Con un tenedor, corte el pescado en trozos. Rellena las hojas de mantecosa con pescado, rodajas de aguacate y tomate; espolvorear con cilantro. Rocíe los tacos con crema de lima ahumada. Sirva con rodajas de lima para exprimir sobre los tacos.

LENGUADO CON COSTRA DE ALMENDRAS

PREPARACIÓN:15 minutos de cocción: 3 minutos rinden: 2 porciones

SOLO UN POCO DE HARINA DE ALMENDRASCREA UNA AGRADABLE CORTEZA EN ESTE PESCADO FRITO EXTREMADAMENTE RÁPIDO, SERVIDO CON MAYONESA CREMOSA CON ENELDO Y UN CHORRITO DE LIMÓN FRESCO.

12 gramos de filetes de lenguado fresco o congelado
1 cucharada de condimento de hierbas y limón (ver receta)
¼ a ½ cucharadita de pimienta negra
⅓ taza de harina de almendras
2 a 3 cucharadas de aceite de oliva
¼ de taza de Paleo Mayo (ver receta)
1 cucharadita de eneldo fresco picado
rodajas de limon

1. Descongelar el pescado, si está congelado. enjuagar el pescado; secar con toallas de papel. En un tazón pequeño, mezcle el condimento de hierba de limón y la pimienta. Cubra ambos lados de los filetes con la mezcla de condimentos, presionando ligeramente para que se adhieran. Unte la harina de almendras en un plato grande. Espolvoree un lado de cada filete con harina de almendras, presionando ligeramente para que se adhiera.

2. Calienta suficiente aceite en una sartén grande para cubrirla a fuego medio-alto. Agregue el pescado, con los lados rebozados hacia abajo. Cocine por 2 minutos. Voltee el pescado con cuidado; cocine aproximadamente 1 minuto más o hasta que el pescado comience a desmenuzarse al probarlo con un tenedor.

3. Para la salsa, mezcle Paleo Mayo y el eneldo en un tazón pequeño. Sirve el pescado con salsa y rodajas de limón.

PAQUETES DE BACALAO Y CALABACÍN A LA PLANCHA CON SALSA PICANTE DE MANGO Y ALBAHACA

PREPARACIÓN:20 minutos a la parrilla: 6 minutos rinden: 4 porciones

- 1 a 1½ libras de bacalao fresco o congelado, de ½ a 1 pulgada de espesor
- 4 trozos de papel de aluminio de 24 pulgadas de largo y 12 pulgadas de ancho
- 1 calabacín mediano, cortado en juliana
- Especia de hierba de limón (ver receta)
- ¼ de taza de Chipotle Paleo Mayo (ver receta)
- 1 a 2 cucharadas de puré de mango maduro*
- 1 cucharada de jugo de lima o limón fresco o vinagre de vino de arroz
- 2 cucharadas de albahaca fresca picada

1. Descongelar el pescado, si está congelado. enjuagar el pescado; secar con toallas de papel. Corta el pescado en cuatro porciones.

2. Doble cada trozo de papel de aluminio por la mitad para formar un cuadrado de 12 pulgadas de doble espesor. Coloque una porción de pescado en el centro de un cuadrado de papel de aluminio. Cubra con una cuarta parte del calabacín. Espolvorea con condimento de hierba de limón. Levante dos lados opuestos del papel de aluminio y dóblelo varias veces sobre el calabacín y el pescado. Dobla los extremos del papel de aluminio. Repita para hacer tres paquetes más. Para la salsa, mezcle Chipotle Paleo Mayo, mango, jugo de lima y albahaca en un tazón pequeño; poner a un lado.

3. Para una parrilla de carbón o de gas, coloque los paquetes sobre la parrilla engrasada directamente a fuego medio. Cubra y

cocine a la parrilla durante 6 a 9 minutos o hasta que el pescado se desmenuce al probarlo con un tenedor y el calabacín esté tierno y crujiente (abra con cuidado el paquete para comprobar que esté cocido). No voltee los paquetes mientras asa. Cubra cada porción con salsa.

*Consejo: Para puré de mango, combine ¼ de taza de mango picado y 1 cucharada de agua en una licuadora. Cubra y mezcle hasta que quede suave. Agregue el puré de mango sobrante a un batido.

BACALAO ESCALFADO AL RIESLING CON TOMATES RELLENOS DE PESTO

PREPARACIÓN:30 minutos de cocción: 10 minutos rinden: 4 porciones

- 1 a 1½ libras de filetes de bacalao frescos o congelados, de aproximadamente 1 pulgada de grosor
- 4 tomates roma
- 3 cucharadas de pesto de albahaca (ver<u>receta</u>)
- ¼ cucharadita de pimienta negra triturada
- 1 taza de Riesling seco o Sauvignon Blanc
- 1 ramita de tomillo fresco o ½ cucharadita de tomillo seco, triturado
- 1 hoja de laurel
- ½ taza de agua
- 2 cucharadas de cebollino picado
- rodajas de limon

1. Descongelar el pescado, si está congelado. Corta los tomates por la mitad horizontalmente. Quite las semillas y un poco de pulpa. (Si es necesario para que el tomate quede plano, corte una rodaja muy fina del extremo, teniendo cuidado de no hacer un agujero en la parte inferior del tomate). Vierta un poco de pesto en cada mitad de tomate; espolvorear con pimienta molida; poner a un lado.

2. Enjuague el pescado; secar con toallas de papel. Cortar el pescado en cuatro trozos. Coloque una canasta vaporera en una olla grande con tapa hermética. Agregue aproximadamente ½ pulgada de agua a la sartén. Hervir; reduzca el fuego a medio. Coloque los tomates, con los lados cortados hacia arriba, en la canasta. Cubra y cocine al vapor durante 2 a 3 minutos o hasta que esté completamente caliente.

3. Retire los tomates a un plato; tapar para mantener el calor. Retire la canasta vaporera de la sartén; tirar agua. Agrega el vino, el tomillo, la hoja de laurel y ½ taza de agua a la cacerola. Hervir; Reduce el calor a medio-bajo. Agrega el pescado y la cebolla. Cocine a fuego lento, tapado, durante 8 a 10 minutos o hasta que el pescado comience a desmenuzarse al probarlo con un tenedor.

4. Rociar el pescado con un poco del líquido de escalfar. Sirve el pescado con tomates rellenos de pesto y rodajas de limón.

BACALAO ASADO CON COSTRA DE PISTACHO Y CILANTRO SOBRE BONIATOS TRITURADOS

PREPARACIÓN: 20 minutos Hervir: 10 minutos Hornear: 4 a 6 minutos por cada ½ pulgada de espesor Rinde: 4 porciones

1 a 1½ libras de bacalao fresco o congelado
Aceite de oliva o aceite de coco refinado
2 cucharadas de pistachos, nueces o almendras molidas
1 clara de huevo
½ cucharadita de piel de limón finamente rallada
1½ libras de batatas, peladas y cortadas en trozos
2 dientes de ajo
1 cucharada de aceite de coco
1 cucharada de jengibre fresco rallado
½ cucharadita de comino molido
¼ de taza de leche de coco (como la de Nature's Way)
4 cucharaditas de pesto de cilantro o pesto de albahaca (ver recetas)

1. Descongelar el pescado, si está congelado. Precalienta la parrilla. Rejilla de aceite sobre una bandeja para asar. Combine las nueces molidas, la clara de huevo y la ralladura de limón en un tazón pequeño; poner a un lado.

2. Para los camotes triturados, cocine los camotes y el ajo en una cacerola mediana en suficiente agua hirviendo para cubrirlos durante 10 a 15 minutos o hasta que estén tiernos. Drenaje; Regrese las batatas y el ajo a la cacerola. Triture las batatas con un machacador de patatas. Agrega 1 cucharada de aceite de coco, jengibre y comino. Triture la leche de coco hasta que esté suave y aireado.

3. Enjuague el pescado; secar con toallas de papel. Corte el pescado en cuatro trozos y colóquelo sobre la rejilla sin calentar

preparada en una asadera. Mételo debajo de los bordes delgados. Unta cada bocado con pesto de cilantro. Vierta la mezcla de nueces sobre el pesto y extienda con cuidado. Ase el pescado a 4 pulgadas del fuego durante 4 a 6 minutos por cada ½ pulgada de espesor o hasta que el pescado comience a desmenuzarse cuando se prueba con un tenedor, cubriéndolo con papel de aluminio durante la cocción si la capa comienza a quemarse. Sirva el pescado con batatas.

BACALAO AL ROMERO Y MANDARINA CON BRÓCOLI ASADO

PREPARACIÓN:15 minutos Marinar: hasta 30 minutos Hornear: 12 minutos Rinde: 4 porciones

1 a 1½ libras de bacalao fresco o congelado
1 cucharadita de cáscara de mandarina finamente rallada
½ taza de jugo fresco de mandarina o naranja
4 cucharadas de aceite de oliva
2 cucharaditas de romero fresco picado
¼ a ½ cucharadita de pimienta negra triturada
1 cucharadita de cáscara de mandarina finamente rallada
3 tazas de floretes de brócoli
¼ cucharadita de pimiento rojo triturado
Rodajas de mandarina, sin semillas.

1. Precaliente el horno a 450°F. Descongela el pescado, si está congelado. enjuagar el pescado; secar con toallas de papel. Corta el pescado en cuatro porciones. Mide el grosor del pescado. Combine la ralladura de mandarina, el jugo de mandarina, 2 cucharadas de aceite de oliva, el romero y la pimienta negra en un plato poco profundo. agregue pescado. Cubra y deje marinar en el refrigerador por hasta 30 minutos.

2. En un tazón grande, mezcle el brócoli con las 2 cucharadas restantes de aceite de oliva y el pimiento rojo triturado. Colocar en una fuente refractaria de 2 litros.

3. Unte ligeramente una sartén poco profunda con aceite de oliva extra. Escurrir el pescado, conservar la marinada. Coloque el pescado en la sartén, métalo debajo de los bordes finos. Mete el pescado y el brócoli al horno. Ase el brócoli durante 12 a 15 minutos o hasta que esté tierno y crujiente, revolviendo una vez a mitad de la cocción. Ase el pescado durante 4 a 6 minutos

por cada ½ pulgada de grosor del pescado o hasta que el pescado comience a desmenuzarse al probarlo con un tenedor.

4. En una cacerola pequeña, hierva la marinada reservada; cocine por 2 minutos. Rocíe la marinada sobre el pescado cocido. Sirva el pescado con brócoli y rodajas de mandarina.

WRAPS DE ENSALADA DE BACALAO AL CURRY CON RÁBANOS EN ESCABECHE

PREPARACIÓN:20 minutos de pie: 20 minutos de cocción: 6 minutos rinden: 4 porciones IMAGEN

- 1 libra de filetes de bacalao fresco o congelado
- 6 rábanos, rallados aproximadamente
- 6 a 7 cucharadas de vinagre de sidra
- ½ cucharadita de pimiento rojo triturado
- 2 cucharadas de aceite de coco sin refinar
- ¼ taza de mantequilla de almendras
- 1 diente de ajo, finamente picado
- 2 cucharaditas de jengibre finamente rallado
- 2 cucharadas de aceite de oliva
- 1½ a 2 cucharaditas de curry en polvo sin sal agregada
- 4 a 8 hojas de lechuga mantecosa o hojas de lechuga
- 1 pimiento rojo, cortado en juliana
- 2 cucharadas de cilantro fresco picado

1. Descongelar el pescado, si está congelado. Combine los rábanos, 4 cucharadas de vinagre y ¼ de cucharadita de pimiento rojo triturado en un tazón mediano; déjelo por 20 minutos, revolviendo ocasionalmente.

2. Para la salsa de mantequilla de almendras, en una cacerola pequeña, derrita el aceite de coco a fuego lento. Agrega la mantequilla de almendras hasta que quede suave. Agregue el ajo, el jengibre y el ¼ de cucharadita restante de pimiento rojo triturado. Alejar del calor. Agregue las 2 a 3 cucharadas restantes de vinagre de sidra y revuelva hasta que quede suave; poner a un lado. (La salsa se espesará ligeramente cuando se agregue vinagre).

3. Enjuague el pescado; secar con toallas de papel. Calienta el aceite de oliva y el curry en una sartén grande a fuego medio. Agrega el pescado; cocine de 3 a 6 minutos o hasta que el pescado comience a desmenuzarse al probarlo con un tenedor, volteándolo una vez a la mitad de la cocción. Utilice dos tenedores y desmenuce el pescado en trozos grandes.

4. Escurrir los rábanos; desecha la marinada. Vierte un poco del pescado, las tiras de pimentón, la mezcla de rábanos y la salsa de mantequilla de almendras en cada hoja de lechuga. Espolvorea con cilantro. Envuelve la hoja alrededor del relleno. Si lo desea, asegure la tapa con palillos de madera.

ABADEJO FRITO CON LIMÓN E HINOJO

PREPARACIÓN:25 minutos de horneado: 50 minutos rinden: 4 porciones

TODOS TIENEN EGLEFINO, ABADEJO Y BACALAO.CARNE BLANCA FIRME Y DE SABOR SUAVE. SON INTERCAMBIABLES EN LA MAYORÍA DE LAS RECETAS, INCLUIDO ESTE SENCILLO PLATO DE PESCADO Y VERDURAS AL HORNO CON HIERBAS Y VINO.

- 4 filetes de abadejo, abadejo o bacalao frescos o congelados de 6 onzas, de aproximadamente ½ pulgada de grosor
- 1 cebolla de hinojo grande, sin corazón y en rodajas, las hojas reservadas y picadas
- 4 zanahorias medianas, partidas por la mitad verticalmente y cortadas en trozos de 2 a 3 pulgadas
- 1 cebolla morada, partida por la mitad y en rodajas
- 2 dientes de ajo, finamente picados
- 1 limón, en rodajas finas
- 3 cucharadas de aceite de oliva
- ½ cucharadita de pimienta negra
- ¾ taza de vino blanco seco
- 2 cucharadas de perejil fresco finamente picado
- 2 cucharadas de hojas de hinojo frescas picadas
- 2 cucharaditas de piel de limón finamente rallada

1. Descongelar el pescado, si está congelado. Precalienta el horno a 400°F. Combine el hinojo, las zanahorias, la cebolla, el ajo y las rodajas de limón en una fuente para hornear rectangular de 3 cuartos. Rocíe con 2 cucharadas de aceite de oliva y espolvoree con ¼ de cucharadita de pimienta; revuelva para cubrir. Vierta vino en el barril. Cubre el plato con papel de aluminio.

2. Hornee por 20 minutos. descubrir; agregue la mezcla de verduras. Ase durante 15 a 20 minutos más o hasta que las verduras

estén tiernas y crujientes. Revuelve la mezcla de verduras. Espolvorea el pescado con el ¼ de cucharadita de pimienta restante; Coloca el pescado encima de la mezcla de verduras. Rocíe con la cucharada restante de aceite de oliva. Hornee durante unos 8 a 10 minutos o hasta que el pescado comience a desmenuzarse al probarlo con un tenedor.

3. Mezcle el perejil, las hojas de hinojo y la ralladura de limón en un tazón pequeño. Para servir, divida la mezcla de pescado y verduras entre los platos para servir. Vierta el jugo de la sartén sobre el pescado y las verduras. Espolvorea sobre la mezcla de perejil.

PARGO CON COSTRA DE NUECES Y REMOULADE, OKRA ESTILO CAJÚN Y TOMATES

PREPARACIÓN:1 hora Cocinar: 10 minutos Hornear: 8 minutos Rinde: 4 porciones

ESTE PLATO DE PESCADO DIGNO DE UNA COMPAÑÍATOMA UN POCO DE TIEMPO PREPARARLO, PERO LOS RICOS SABORES HACEN QUE VALGA LA PENA. LA REMOULADE, UNA SALSA A BASE DE MAYONESA CON MOSTAZA, LIMÓN Y ESPECIAS CAJÚN Y CONFETIADA CON PIMIENTO ROJO PICADO, CEBOLLA Y PEREJIL, SE PUEDE PREPARAR EL DÍA ANTERIOR Y ENFRIAR.

- 4 cucharadas de aceite de oliva
- ½ taza de nueces pecanas finamente picadas
- 2 cucharadas de perejil fresco picado
- 1 cucharada de tomillo fresco picado
- 2 filetes de pargo rojo de 8 onzas, de ½ pulgada de grosor
- 4 cucharaditas de condimento cajún (ver receta)
- ½ taza de cebolla picada
- ½ taza de pimiento verde cortado en cubitos
- ½ taza de apio cortado en cubitos
- 1 cucharada de ajo finamente picado
- 1 libra de vainas de okra frescas, cortadas en rodajas de 1 pulgada de grosor (o espárragos frescos, cortados en trozos de 1 pulgada)
- 8 gramos de tomates uva o cherry, cortados por la mitad
- 2 cucharaditas de tomillo fresco picado
- Pimienta negra
- Rémoulade (ver receta a la derecha)

1. Calienta 1 cucharada de aceite de oliva en una sartén mediana a fuego medio. Agregue las nueces y agite durante aprox. 5

minutos o hasta que estén dorados y fragantes, revolviendo con frecuencia. Transfiera las nueces a un tazón pequeño y déjelas enfriar. Agrega el perejil y el tomillo y reserva.

2. Precaliente el horno a 400°F. Forre una bandeja para hornear con papel de hornear o papel de aluminio. Coloque los filetes de pargo en la bandeja para hornear, con la piel hacia abajo y espolvoree cada uno con 1 cucharadita de condimento cajún. Utilice una brocha de repostería y aplique 2 cucharadas de aceite de oliva sobre los filetes. Distribuya la mezcla de nueces de manera uniforme entre los filetes, presionando suavemente las nueces sobre la superficie del pescado para que se peguen. Cubre todas las zonas expuestas del filete de pescado con nueces si es posible. Cocine el pescado de 8 a 10 minutos o hasta que se desmenuce fácilmente con la punta de un cuchillo.

3. Calienta la cucharada restante de aceite de oliva en una sartén grande a fuego medio-alto. Agrega la cebolla, el pimentón, el apio y el ajo. Cocine y revuelva durante 5 minutos o hasta que las verduras estén tiernas y crujientes. Agrega la okra en rodajas (o espárragos si los usas) y los tomates; cocine de 5 a 7 minutos o hasta que la okra esté tierna y crujiente y los tomates comiencen a partirse. Retirar del fuego y sazonar con tomillo y pimienta negra. Sirva las verduras con pargo y Rémoulade.

Remoulade: En un procesador de alimentos, presione ½ taza de pimiento rojo picado, ¼ de taza de cebolla picada y 2 cucharadas de perejil fresco picado hasta que quede bien. Agregue ¼ de taza de Paleo Mayo (ver_receta_), ¼ de taza de mostaza estilo Dijon (ver_receta_), 1½ cucharaditas de jugo de limón y ¼ de cucharadita de condimento cajún (ver_receta_). Pulse para combinar. Transfiera a un tazón para servir y enfríe hasta servir. (La remoulade se puede preparar con 1 día de anticipación y enfriar).

FILETE DE ATÚN AL ESTRAGÓN CON ALIOLI DE AGUACATE Y LIMÓN

PREPARACIÓN:25 minutos de cocción: 6 minutos rinden: 4 porcionesIMAGEN

JUNTO CON EL SALMÓN, EL ATÚN ES UNODE LAS RARAS ESPECIES DE PESCADO QUE SE PUEDEN PICAR FINAMENTE Y DARLES FORMA DE HAMBURGUESAS. TENGA CUIDADO DE NO PROCESAR DEMASIADO EL ATÚN EN EL PROCESADOR DE ALIMENTOS; EL PROCESAMIENTO EXCESIVO LO ENDURECE.

- 1 libra de filetes de atún sin piel frescos o congelados
- 1 clara de huevo, ligeramente batida
- ¾ taza de harina de linaza dorada molida
- 1 cucharada de estragón o eneldo recién cortado
- 2 cucharadas de cebollino fresco picado
- 1 cucharadita de piel de limón finamente rallada
- 2 cucharadas de aceite de linaza, aceite de aguacate o aceite de oliva
- 1 aguacate mediano, sin semillas
- 3 cucharadas de Paleo Mayo (ver receta)
- 1 cucharadita de piel de limón finamente rallada
- 2 cucharaditas de jugo de limón fresco
- 1 diente de ajo, finamente picado
- 4 gramos de espinacas tiernas (aproximadamente 4 tazas bien empaquetadas)
- ⅓ taza de vinagreta de ajo asado (ver receta)
- 1 manzana Granny Smith, sin corazón y cortada en trozos del tamaño de una cerilla
- ¼ de taza de nueces tostadas picadas (ver Consejos)

1. Descongelar el pescado, si está congelado. enjuagar el pescado; secar con toallas de papel. Corta el pescado en trozos de 1½ pulgada. Coloca el pescado en un procesador de alimentos; procese con pulsaciones de encendido/apagado hasta que esté

finamente picado. (Ten cuidado de no cocinar demasiado o endurecerás la hamburguesa). Deja el pescado a un lado.

2. Combine las claras de huevo, ¼ de taza de harina de linaza, el estragón, el cebollino y la ralladura de limón en un tazón mediano. Agrega el pescado; revuelva suavemente para combinar. Forme cuatro hamburguesas de ½ pulgada de grosor con la mezcla de pescado.

3. Coloque la ½ taza restante de harina de linaza en un plato poco profundo. Sumerja las hamburguesas en la mezcla de linaza y voltéelas para cubrirlas uniformemente.

4. Calienta el aceite a fuego medio en una sartén extra grande. Fríe los filetes de atún en aceite caliente durante 6 a 8 minutos o hasta que un termómetro insertado horizontalmente en las chuletas registre 160 °F, volteándolos una vez a la mitad del tiempo de cocción.

5. Mientras tanto, para el alioli, utiliza un tenedor en un tazón mediano para triturar el aguacate. Agrega Paleo Mayo, ralladura de limón, jugo de limón y ajo. Triture hasta que esté bien combinado y casi suave.

6. Coloca las espinacas en un tazón mediano. Rocíe las espinacas con la vinagreta de ajo asado; revuelva para cubrir. Para cada porción, coloque una hamburguesa de atún y una cuarta parte de las espinacas en un plato para servir. Cubra el atún con un poco de alioli. Cubra las espinacas con manzana y nueces. Servir inmediatamente.

TAGINE DE LUBINA RAYADA

PREPARACIÓN:50 minutos de enfriamiento: 1 a 2 horas de cocción: 22 minutos de horneado: 25 minutos rinde: 4 porciones

UN TAGINE ES EL NOMBRE DETANTO UN TIPO DE PLATO DEL NORTE DE ÁFRICA (UNA ESPECIE DE GUISO) COMO LA OLLA EN FORMA DE CONO EN LA QUE SE COCINA. SI NO TIENES UNA, UNA SARTÉN TAPADA FUNCIONA BIEN. LA CHERMOULA ES UNA PASTA ESPESA DE HIERBAS DEL NORTE DE ÁFRICA QUE SE UTILIZA CON MAYOR FRECUENCIA COMO ADOBO PARA PESCADO. SIRVE ESTE COLORIDO PLATO DE PESCADO CON PURÉ DE CAMOTE O COLIFLOR.

- 4 filetes de fletán o lubina rayada, frescos o congelados, de 6 onzas, con piel
- 1 manojo de cilantro, picado
- 1 cucharadita de ralladura de limón finamente (reservar)
- ¼ de taza de jugo de limón fresco
- 4 cucharadas de aceite de oliva
- 5 dientes de ajo, finamente picados
- 4 cucharaditas de comino molido
- 2 cucharaditas de pimentón dulce
- 1 cucharadita de cilantro molido
- ¼ cucharadita de anís molido
- 1 cebolla grande, pelada, cortada por la mitad y en rodajas finas
- 1 lata de 15 onzas de tomates asados al fuego cortados en cubitos, sin sal agregada, sin escurrir
- ½ taza de caldo de huesos de pollo (ver receta) o caldo de pollo sin sal
- 1 pimiento amarillo grande, sin semillas y cortado en tiras de ½ pulgada
- 1 pimiento dulce de color naranja grande, sin semillas y cortado en tiras de ½ pulgada

1. Descongelar el pescado, si está congelado. enjuagar el pescado; secar con toallas de papel. Coloque los filetes de pescado en una fuente para hornear poco profunda y no metálica. Reserva el pescado.

2. Para la chermoula, combine cilantro, jugo de limón, 2 cucharadas de aceite de oliva, 4 dientes de ajo picados, comino, pimentón, cilantro y anís en una licuadora o procesador de alimentos pequeño. Cubra y procese hasta que quede suave.

3. Vierta la mitad de la chermoula sobre el pescado, dándole la vuelta para que cubra ambos lados. Cubra y enfríe durante 1 a 2 horas. Cubrir con la chermoula restante; déjelo a temperatura ambiente hasta que lo necesite.

4. Precaliente el horno a 325°F. Calienta las 2 cucharadas restantes de aceite a fuego medio-alto en una sartén grande. Agrega las cebollas; cocine y revuelva durante 4 a 5 minutos o hasta que estén tiernos. Agrega el 1 diente de ajo picado restante; cocine y revuelva durante 1 minuto. Agregue la chermoula reservada, los tomates, el caldo de huesos de pollo, las tiras de pimentón y la ralladura de limón. Hervir; reduce el calor. Cocine a fuego lento descubierto durante 15 minutos. Si lo desea, transfiera la mezcla al tagine; cubra con el pescado y la chermoula restante del plato. Cubrir; hornee por 25 minutos. Servir inmediatamente.

FLETÁN EN SALSA DE CAMARONES AL AJILLO CON COL RIZADA AL AJILLO

PREPARACIÓN:30 minutos de cocción: 19 minutos rinden: 4 porciones

HAY VARIAS FUENTES Y TIPOS DIFERENTES DE FLETAN,Y PUEDEN SER DE CALIDAD MUY DIFERENTE Y PESCARSE EN CONDICIONES MUY DIFERENTES. LA SOSTENIBILIDAD DEL PESCADO, EL ENTORNO EN EL QUE VIVE Y LAS CONDICIONES EN LAS QUE SE CRIA/PESCA SON FACTORES QUE DETERMINAN QUE PESCADOS SON BUENAS OPCIONES PARA EL CONSUMO. VISITE EL SITIO WEB DEL ACUARIO DE LA BAHIA DE MONTEREY (WWW.SEAFOODWATCH.ORG) PARA OBTENER LA INFORMACION MAS RECIENTE SOBRE QUE PESCADO COMER Y CUAL EVITAR.

- 4 filetes de fletán fresco o congelado de 6 onzas, de aproximadamente 1 pulgada de grosor
- Pimienta negra
- 6 cucharadas de aceite de oliva virgen extra
- ½ taza de cebolla finamente picada
- ¼ de taza de pimiento rojo picado
- 2 dientes de ajo, finamente picados
- ¾ cucharadita de pimentón español ahumado
- ½ cucharadita de orégano fresco picado
- 4 tazas de col rizada, sin tallos y cortada en tiras de ¼ de pulgada de grosor (aproximadamente 12 onzas)
- ⅓ taza de agua
- 8 gramos de langostinos medianos, pelados, desvenados y picados en trozos grandes
- 4 dientes de ajo, en rodajas finas
- ¼ a ½ cucharadita de pimiento rojo triturado
- ⅓ taza de jerez seco

2 cucharadas de jugo de limón
¼ taza de perejil fresco picado

1. Descongelar el pescado, si está congelado. enjuagar el pescado; secar con toallas de papel. Espolvorea el pescado con pimienta. Calienta 2 cucharadas de aceite de oliva a fuego medio en una sartén grande. Agrega los filetes; cocine durante 10 minutos o hasta que esté dorado y el pescado se desmenuce al probarlo con un tenedor, volteándolo una vez a la mitad de la cocción. Transfiera el pescado a un plato y cúbralo con papel de aluminio para mantenerlo caliente.

2. Mientras tanto, en otra sartén grande, caliente 1 cucharada de aceite de oliva a fuego medio. Agrega la cebolla, el pimiento dulce, 2 dientes de ajo picados, el pimentón y el orégano; cocine y revuelva durante 3 a 5 minutos o hasta que estén tiernos. Agregue las hojas de col y el agua. Tape y cocine de 3 a 4 minutos o hasta que el líquido se haya evaporado y las verduras estén tiernas, revolviendo ocasionalmente. Cubra y mantenga caliente hasta servir.

3. Para la salsa de camarones, agrega las 3 cucharadas restantes de aceite de oliva a la sartén utilizada para cocinar el pescado. Añade las gambas, 4 dientes de ajo laminados y el pimiento rojo triturado. Cocine y revuelva durante 2 a 3 minutos o hasta que el ajo comience a dorarse. Agrega los camarones; cocine de 2 a 3 minutos hasta que los camarones estén firmes y rosados. Agregue el jerez y el jugo de limón. Cocine de 1 a 2 minutos o hasta que se reduzca ligeramente. Agrega el perejil.

4. Divida la salsa de gambas entre los filetes de fletán. Servir con verduras.

BULLABESA DE MARISCOS

DE PRINCIPIO A FIN: 1¾ HORAS   RINDE: 4 PORCIONES

COMO EL CIOPPINO ITALIANO, ESTE GUISO DE MARISCO FRANCÉS DE PESCADOS Y MARISCOS PARECE REPRESENTAR UNA SELECCIÓN DE LA PESCA DEL DÍA ARROJADA EN UNA OLLA CON AJO, CEBOLLA, TOMATE Y VINO. SIN EMBARGO, EL SABOR CARACTERÍSTICO DE LA BULLABESA ES LA COMBINACIÓN DE SABORES DE AZAFRÁN, HINOJO Y PIEL DE NARANJA.

- 1 libra de filetes de fletán sin piel, frescos o congelados, cortados en trozos de 1 pulgada
- 4 cucharadas de aceite de oliva
- 2 tazas de cebolla picada
- 4 dientes de ajo machacados
- 1 cabeza de hinojo, sin semillas y picado
- 6 tomates roma, picados
- ¾ taza de caldo de huesos de pollo (ver_receta_) o caldo de pollo sin sal
- ¼ de taza de vino blanco seco
- 1 taza de cebolla finamente picada
- 1 cabeza de hinojo, sin corazón y finamente picado
- 6 dientes de ajo, finamente picados
- 1 naranja
- 3 tomates roma, finamente picados
- 4 hebras de azafrán
- 1 cucharada de orégano fresco picado
- 1 libra de almejas de cuello pequeño, lavadas y enjuagadas
- 1 libra de mejillones, sin barba, fregados y enjuagados (ver_Consejos_)
- Orégano fresco finamente picado (opcional)

1. Descongela el fletán, si está congelado. enjuagar el pescado; secar con toallas de papel. Reserva el pescado.

2. Caliente 2 cucharadas de aceite de oliva a fuego medio en una olla de 6 a 8 cuartos. Agrega 2 tazas de cebolla picada, 1 cabeza de hinojo picada y 4 dientes de ajo machacados a la olla. Cocine de 7 a 9 minutos o hasta que la cebolla esté tierna, revolviendo ocasionalmente. Agrega 6 tomates picados y 1 cabeza de hinojo picado; cocine por 4 minutos más. Agrega el caldo de huesos de pollo y el vino blanco a la olla; cocine a fuego lento durante 5 minutos; enfriar un poco. Transfiera la mezcla de verduras a una licuadora o procesador de alimentos. Cubra y licue o procese hasta que quede suave; poner a un lado.

3. Calienta la cucharada de aceite de oliva restante en la misma olla a fuego medio. Agrega 1 taza de cebolla finamente picada, 1 cabeza de hinojo finamente picada y 6 dientes de ajo picados. Cocine a fuego medio de 5 a 7 minutos o hasta que estén casi tiernos, revolviendo con frecuencia.

4. Utilice un pelador de verduras para quitar la cáscara de la naranja en tiras anchas; poner a un lado. Agregue la mezcla de puré de verduras, 3 tomates picados, azafrán, orégano y ralladura de naranja a la olla. Hervir; reduzca el fuego para mantener la cocción a fuego lento. Agrega las almejas, los mejillones y el pescado; revuelva suavemente para cubrir el pescado con la salsa. Ajuste el fuego según sea necesario para mantener la cocción a fuego lento. Tape y cocine a fuego lento durante 3 a 5 minutos hasta que los mejillones y las almejas se hayan abierto y el pescado comience a desmenuzarse al probarlo con un tenedor. Vierta en tazones poco profundos para servir. Si lo desea, espolvoree con más orégano.

CEVICHE CLÁSICO DE CAMARONES

PREPARACIÓN:20 minutos de cocción: 2 minutos de enfriamiento: 1 hora de reposo: 30 minutos rinde: 3 a 4 porciones

ESTE PLATO LATINOAMERICANO ES UNA MARAVILLA.DE SABORES Y TEXTURAS. PEPINO Y APIO CRUJIENTES, AGUACATE CREMOSO, JALAPEÑOS PICANTES Y PICANTES Y CAMARONES DULCES Y DELICADOS SE MEZCLAN CON JUGO DE LIMÓN Y ACEITE DE OLIVA. EN EL CEVICHE TRADICIONAL, EL ÁCIDO DEL JUGO DE LIMÓN "COCINA" LOS CAMARONES, PERO UN RÁPIDO BAÑO EN AGUA HIRVIENDO NO DEJA NADA AL AZAR, DESDE EL PUNTO DE VISTA DE LA SEGURIDAD, Y NO DAÑA EL SABOR NI LA TEXTURA DE LOS CAMARONES.

- 1 libra de camarones medianos frescos o congelados, pelados y pesados, sin colas
- ½ pepino, pelado, sin semillas y picado
- 1 taza de apio picado
- ½ de una cebolla morada pequeña, picada
- 1 a 2 jalapeños, sin semillas y picados (verConsejos)
- ½ taza de jugo de limón fresco
- 2 tomates roma, cortados en cubitos
- 1 aguacate, partido por la mitad, sin semillas, pelado y cortado en cubitos
- ¼ de taza de cilantro fresco picado
- 3 cucharadas de aceite de oliva
- ½ cucharadita de pimienta negra

1. Descongele los camarones, si están congelados. Pelar y desvenar los camarones; quitar las colas. Enjuague los camarones; secar con toallas de papel.

2. Llene una olla grande hasta la mitad con agua. Hervir. Agregue los camarones al agua hirviendo. Cocine, sin tapar, de 1 a 2

minutos o hasta que los camarones se vuelvan opacos; drenaje. Pasa los camarones por agua fría y escúrrelos nuevamente. Cortar los camarones en cubos.

3. Combine los camarones, el pepino, el apio, la cebolla, los jalapeños y el jugo de lima en un tazón extragrande no reactivo. Cubra y enfríe durante 1 hora, revolviendo una o dos veces.

4. Agrega los tomates, el aguacate, el cilantro, el aceite de oliva y la pimienta negra. Tapar y dejar a temperatura ambiente durante 30 minutos. Revuelva suavemente antes de servir.

ENSALADA DE GAMBAS CON COSTRA DE COCO Y ESPINACAS

PREPARACIÓN:25 minutos de asado: 8 minutos rinden: 4 porcionesIMAGEN

LATAS DE ACEITE DE OLIVA EN AEROSOL PRODUCIDAS COMERCIALMENTEPUEDE CONTENER ALCOHOL DE GRANO, LECITINA Y PROPULSOR; NO ES UNA BUENA COMBINACIÓN CUANDO SE INTENTA COMER ALIMENTOS LIMPIOS Y REALES Y SE EVITAN LOS CEREALES, LAS GRASAS NO SALUDABLES, LAS LEGUMBRES Y LOS LÁCTEOS. UN ABLANDADOR DE ACEITE UTILIZA SOLO AIRE PARA IMPULSAR EL ACEITE EN UNA FINA PULVERIZACIÓN, PERFECTO PARA CUBRIR LIGERAMENTE LAS CORTEZAS DE COCO ANTES DE HORNEARLAS.

- 1½ libras de camarones extra grandes frescos o congelados con cáscara
- Botella pulverizadora Misto llena de aceite de oliva virgen extra.
- 2 huevos
- ¾ taza de hojuelas sin azúcar o coco rallado
- ¾ taza de harina de almendras
- ½ taza de aceite de aguacate o aceite de oliva
- 3 cucharadas de jugo de limón fresco
- 2 cucharadas de jugo de lima fresco
- 2 dientes de ajo pequeños, finamente picados
- ⅛ a ¼ de cucharadita de pimiento rojo triturado
- 8 tazas de espinacas tiernas frescas
- 1 aguacate mediano, partido por la mitad, sin semillas, pelado y en rodajas finas
- 1 pimiento morrón pequeño de color naranja o amarillo, cortado en tiras finas
- ½ taza de cebolla morada rebanada

1. Descongele los camarones, si están congelados. Pelar y retirar los camarones, dejando las colas intactas. Enjuague los camarones; secar con toallas de papel. Precalienta el horno a 450°F. Forre una bandeja para hornear grande con papel de aluminio; cubra el papel de aluminio ligeramente con aceite rociado de la botella de Misto; poner a un lado.

2. Batir los huevos con un tenedor en un plato poco profundo. Combine la harina de coco y almendras en otro plato poco profundo. Sumerja los camarones en el huevo y déles la vuelta para cubrirlos. Sumerja en la mezcla de coco, presione para cubrir (deje las colas sin cubrir). Coloque los camarones en una sola capa sobre la bandeja para hornear preparada. Cubra la parte superior de los camarones con aceite rociado de la botella de Misto.

3. Hornee de 8 a 10 minutos o hasta que los camarones estén opacos y la capa ligeramente dorada.

4. Mientras tanto, para el aderezo, combine el aceite de aguacate, el jugo de limón, el jugo de lima, el ajo y el pimiento rojo triturado en un frasco pequeño con tapa de rosca. Tapar y agitar bien.

5. Para ensaladas, divida las espinacas en cuatro platos para servir. Cubra con aguacate, pimentón, cebolla morada y langostinos. Rocíe con el aderezo y sirva inmediatamente.

CEVICHE TROPICAL DE CAMARONES Y VIEIRAS

PREPARACIÓN:20 minutos Marinar: 30 a 60 minutos Rinde: 4 a 6 porciones

EL CEVICHE FRESCO Y LIGERO ES UNA EXCELENTE COMIDAPARA UNA CÁLIDA NOCHE DE VERANO. CON ADEREZO DE MELÓN, MANGO, CHILE SERRANO, HINOJO Y MANGO-LIMA (VER<u>RECETA</u>), ESTA ES UNA VERSIÓN DULCE Y PICANTE DEL ORIGINAL.

- 1 libra de vieiras frescas o congeladas
- 1 libra de camarones grandes frescos o congelados
- 2 tazas de melón dulce cortado en cubitos
- 2 mangos medianos, sin hueso, pelados y picados (aproximadamente 2 tazas)
- 1 cabeza de hinojo, cortada en cuartos, sin corazón y en rodajas finas
- 1 pimiento rojo mediano, picado (aproximadamente ¾ de taza)
- 1 a 2 chiles serranos, sin semillas si se desea y en rodajas finas (ver<u>Consejos</u>)
- ½ taza de cilantro fresco ligeramente compacto, picado
- 1 receta de aderezo para ensalada de mango y lima (ver<u>receta</u>)

1. Descongelar las vieiras y las gambas, si están congeladas. Divida las vieiras por la mitad horizontalmente. Pelar, desvenar y cortar las gambas por la mitad en sentido horizontal. Enjuague las vieiras y los camarones; secar con toallas de papel. Llene una olla grande hasta tres cuartos de su capacidad con agua. Hervir. Agrega los camarones y las vieiras; cocine de 3 a 4 minutos o hasta que los camarones y las vieiras estén opacos; escurrir y enjuagar con agua fría para que se enfríe rápidamente. Escurrir bien y dejar reposar.

2. Combine el melón, el mango, el hinojo, el pimiento dulce, los chiles serranos y el cilantro en un tazón extra grande. Agregue el aderezo para ensalada de mango y lima; revuelva suavemente para cubrir. Agregue con cuidado los langostinos y las vieiras cocidos. Deje marinar en el refrigerador durante 30 a 60 minutos antes de servir.

CAMARONES JERK JAMAICANOS CON ACEITE DE AGUACATE

EMPEZAR A ACABAR: 20 minutos rinden: 4 porciones

CON UN TIEMPO TOTAL A LA MESA DE 20 MINUTOS, ESTE PLATO OFRECE OTRA RAZÓN CONVINCENTE PARA COMER UNA COMIDA SALUDABLE EN CASA, INCLUSO EN LAS NOCHES MÁS OCUPADAS.

1 libra de camarones medianos frescos o congelados
1 taza de mango pelado y picado (1 mediano)
⅓ taza de cebolla morada en rodajas finas
¼ de taza de cilantro fresco picado
1 cucharada de jugo de limón fresco
2 a 3 cucharadas de condimento jamaicano Jerk (ver receta)
1 cucharada de aceite de oliva virgen extra
2 cucharadas de aceite de aguacate

1. Descongele los camarones, si están congelados. En un tazón mediano, mezcle el mango, la cebolla, el cilantro y el jugo de lima.

2. Pelar y desvenar los camarones. Enjuague los camarones; secar con toallas de papel. Coloque los camarones en un tazón mediano. Espolvorea con el condimento Jamaican Jerk; revuelva para cubrir los camarones por todos lados.

3. Calienta el aceite de oliva a fuego medio-alto en una sartén grande. Agrega los camarones; cocine y revuelva durante unos 4 minutos o hasta que esté opaco. Rocíe los camarones con aceite de aguacate y sirva con la mezcla de mango.

GAMBAS AL AJILLO CON ESPINACAS MARCHITAS Y ACHICORIA

PREPARACIÓN:15 minutos de cocción: 8 minutos rinden: 3 porciones

"SCAMPI" SE REFIERE A UN PLATO CLÁSICO DE RESTAURANTE.DE GAMBAS GRANDES SALTEADAS O FRITAS CON MANTEQUILLA Y MUCHO AJO Y LIMÓN. ESTA VERSIÓN SAZONADA CON ACEITE DE OLIVA ESTÁ APROBADA POR PALEO Y ESTÁ POTENCIADA NUTRICIONALMENTE CON UN SALTEADO RÁPIDO DE ACHICORIA Y ESPINACAS.

1 libra de camarones grandes frescos o congelados
4 cucharadas de aceite de oliva virgen extra
6 dientes de ajo, finamente picados
½ cucharadita de pimienta negra
¼ de taza de vino blanco seco
½ taza de perejil fresco picado
½ cabeza de achicoria, sin corazón y en rodajas finas
½ cucharadita de pimiento rojo triturado
9 tazas de espinacas tiernas
rodajas de limon

1. Descongele los camarones, si están congelados. Pelar y retirar los camarones, dejando las colas intactas. Calienta 2 cucharadas de aceite de oliva a fuego medio-alto en una sartén grande. Añade las gambas, 4 dientes de ajo picados y la pimienta negra. Cocine y revuelva durante unos 3 minutos o hasta que los camarones estén opacos. Transfiera la mezcla de camarones a un bol.

2. Agrega vino blanco a la sartén. Cocine, revolviendo para soltar el ajo dorado del fondo de la sartén. Vierta el vino sobre los camarones; enrolle para combinar. Agrega el perejil. Cubra sin

apretar con papel de aluminio para mantener el calor; poner a un lado.

3. Agregue a la sartén las 2 cucharadas restantes de aceite de oliva, los 2 dientes de ajo picados restantes, la achicoria y el pimiento rojo triturado. Cocine y revuelva a fuego medio durante 3 minutos o hasta que la achicoria apenas comience a marchitarse. Agrega con cuidado las espinacas; cocine y revuelva durante 1 a 2 minutos más o hasta que las espinacas se ablanden.

4. Para servir, divida la mezcla de espinacas en tres platos para servir; cubra con la mezcla de camarones. Sirva con rodajas de limón para exprimir sobre las gambas y las verduras.

ENSALADA DE CANGREJO CON AGUACATE, POMELO Y JÍCAMA

EMPEZAR A ACABAR:30 minutos rinden: 4 porciones

LO MEJOR ES LA CARNE DE CANGREJO EN TROZOS GRANDES O CON ALETA TRASERAPARA ESTA ENSALADA. LOS TROZOS GIGANTES DE CARNE DE CANGREJO CONSISTEN EN TROZOS GRANDES QUE QUEDAN BIEN EN ENSALADAS. BACKFIN ES UNA MEZCLA DE TROZOS TRITURADOS DE CARNE DE CANGREJO GIGANTE Y TROZOS MÁS PEQUEÑOS DE CARNE DE CANGREJO DEL CUERPO DEL CANGREJO. AUNQUE ES MÁS PEQUEÑA QUE EL BULTO GIGANTE, LA ALETA DORSAL FUNCIONA BIEN. POR SUPUESTO, LO MEJOR ES FRESCO, PERO EL CANGREJO CONGELADO DESCONGELADO ES UNA BUENA ALTERNATIVA.

- 6 tazas de espinacas tiernas
- ½ de jícama mediana, pelada y cortada en juliana*
- 2 pomelos rosados o rojo rubí, pelados, sin semillas y divididos**
- 2 aguacates pequeños, partidos por la mitad
- 1 libra de carne de cangrejo gigante o cola de cangrejo
- Aderezo de albahaca y pomelo (ver receta a la derecha)

1. Divida las espinacas en cuatro platos para servir. Cubra con jícama, gajos de pomelo y el jugo acumulado, aguacate y carne de cangrejo. Rocíe con aderezo de albahaca y pomelo.

Aderezo de albahaca y pomelo: combine ⅓ taza de aceite de oliva virgen extra en un frasco de vidrio; ¼ de taza de jugo de toronja fresco; 2 cucharadas de jugo de naranja fresco; ½ chalota pequeña, picada; 2 cucharadas de albahaca fresca finamente picada; ¼ de cucharadita de pimiento rojo triturado; y ¼ de cucharadita de pimienta negra. Tapar y agitar bien.

*Consejo: un pelador en juliana permite cortar rápidamente la jícama en tiras finas.

**Consejo: Para partir la toronja, corte una rodaja del extremo del tallo y la base de la fruta. Colóquelo en posición vertical sobre una superficie de trabajo. Corta la fruta en secciones de arriba a abajo, siguiendo la forma redondeada de la fruta, para quitar la cáscara en tiras. Sosteniendo la fruta sobre un tazón, use un cuchillo de cocina y corte hacia el centro de la fruta a los lados de cada segmento para liberarlo de la médula. Coloque los gajos en un tazón con el jugo acumulado. Deseche la médula.

COLA DE LANGOSTA CAJÚN HERVIDA CON ALIOLI DE ESTRAGÓN

PREPARACIÓN:20 minutos de cocción: 30 minutos rinden: 4 porcionesIMAGEN

PARA UNA CENA ROMÁNTICA PARA DOS,ESTA RECETA ES FÁCIL DE CORTAR POR LA MITAD. UTILICE UNAS TIJERAS DE COCINA MUY AFILADAS PARA ABRIR EL CAPARAZON DE LAS COLAS DE LANGOSTA Y LLEGAR A LA CARNE DE RICO SABOR.

2 recetas de condimento cajún (verreceta)
12 dientes de ajo, pelados y partidos por la mitad
2 limones, partidos por la mitad
2 zanahorias grandes, peladas
2 tallos de apio, pelados
2 bulbos de hinojo, en rodajas finas
1 libra de champiñones enteros
4 colas de langosta de Maine de 7 a 8 onzas
4 brochetas de bambú de 8 pulgadas
½ taza de Paleo Aïoli (mayonesa de ajo) (verreceta)
¼ de taza de mostaza estilo Dijon (verreceta)
2 cucharadas de estragón o perejil fresco picado

1. Combine 6 tazas de agua, condimento cajún, ajo y limones en una olla de 8 cuartos. Hervir; cocine por 5 minutos. Reduzca el fuego para mantener el líquido a fuego lento.

2. Cortar las zanahorias y el apio en cuatro trozos transversalmente. Agrega las zanahorias, el apio y el hinojo al líquido. Tape y cocine por 10 minutos. Agrega los champiñones; tape y cocine por 5 minutos. Use una espumadera para transferir las verduras a un tazón para servir; manténgase caliente.

3. Comenzando en el extremo del cuerpo de cada cola de langosta, deslice una brocheta entre la carne y el caparazón, pasando casi por completo hasta el extremo de la cola. (Esto evitará que la cola se doble mientras se cocina). Reduzca el fuego. Cocine las colas de langosta en el líquido apenas hirviendo en la olla durante 8 a 12 minutos o hasta que las cáscaras estén de color rojo brillante y la carne tierna al pincharlas con un tenedor. Retire la langosta del líquido de cocción. Utilice un paño de cocina para sujetar las colas de langosta y retire y deseche las brochetas.

4. En un tazón pequeño, mezcle Paleo Aïoli, mostaza estilo Dijon y estragón. Servir con langosta y verduras.

PATATAS FRITAS DE MEJILLONES CON ALIOLI DE AZAFRÁN

DE PRINCIPIO A FIN: 1¼ HORAS RINDE: 4 PORCIONES

ESTA ES UNA VERSIÓN PALEO DEL CLÁSICO FRANCÉS. MEJILLONES COCIDOS AL VAPOR EN VINO BLANCO Y HIERBAS Y SERVIDOS CON FINAS Y CRUJIENTES PATATAS FRITAS HECHAS CON PATATAS BLANCAS. DESECHE LOS MEJILLONES QUE NO SE CIERREN HASTA QUE ESTÉN COCIDOS Y LOS MEJILLONES QUE NO SE ABRAN DESPUÉS DE COCINARLOS.

PAPAS FRITAS CON CHIRIVÍA
- 1½ libras de chirivías, peladas y cortadas en tiras en juliana de 3 × ¼ de pulgada
- 3 cucharadas de aceite de oliva
- 2 dientes de ajo, finamente picados
- ¼ cucharadita de pimienta negra
- ⅛ cucharadita de pimienta de cayena

ALIOLI DE AZAFRÁN
- ⅓ taza de Paleo Aïoli (mayonesa de ajo) (ver receta)
- ⅛ cucharadita de hebras de azafrán, ligeramente trituradas

MEJILLONES
- 4 cucharadas de aceite de oliva
- ½ taza de chalotas finamente picadas
- 6 dientes de ajo, finamente picados
- ¼ cucharadita de pimienta negra
- 3 tazas de vino blanco seco
- 3 ramitas grandes de perejil de hoja plana
- 4 libras de mejillones, limpios y desvenados*
- ¼ de taza de perejil italiano (de hoja plana) fresco picado
- 2 cucharadas de estragón fresco picado (opcional)

1. Para las papas fritas con chirivías, precaliente el horno a 450°F. Remoje las chirivías cortadas en suficiente agua fría para cubrirlas en el refrigerador durante 30 minutos; escurrir y secar con toallas de papel.

2. Forre una bandeja para hornear grande con papel de hornear. Coloque las chirivías en un tazón extra grande. En un tazón pequeño, combine 3 cucharadas de aceite de oliva, 2 dientes de ajo picado, ¼ de cucharadita de pimienta negra y pimienta de cayena; Rocíe sobre las chirivías y revuelva para cubrir. Coloque las chirivías en una capa uniforme sobre la bandeja para hornear preparada. Hornee durante 30 a 35 minutos o hasta que estén tiernos y comiencen a dorarse, revolviendo ocasionalmente.

3. Para el alioli, mezcle Paleo Aïoli y el azafrán en un tazón pequeño. Cubra y enfríe hasta servir.

4. Mientras tanto, en una olla de 6 a 8 cuartos o en una olla, caliente 4 cucharadas de aceite de oliva a fuego medio. Agrega las chalotas, 6 dientes de ajo y ¼ de cucharadita de pimienta negra; cocine por aprox. 2 minutos o hasta que estén suaves y marchitos, revolviendo con frecuencia.

5. Agrega el vino y las ramitas de perejil a la olla; hervir. Agrega los mejillones, revolviendo unas cuantas veces. Cubra bien y cocine al vapor durante 3 a 5 minutos o hasta que las cáscaras se abran, revolviendo suavemente dos veces. Deseche los mejillones que no se abran.

6. Transfiera los mejillones a platos hondos poco profundos usando una espumadera grande. Retire y deseche las ramitas de perejil del líquido de cocción; vierte el líquido de cocción sobre los

mejillones. Espolvorea perejil picado y, si lo deseas, estragón. Sirva inmediatamente con patatas fritas con chirivías y alioli de azafrán.

*Consejo: Cocine los mejillones el día que los compre. Si usa mejillones silvestres, sumérjalos en un recipiente con agua fría durante 20 minutos para enjuagar la arena y la arena. (Esto no es necesario para los mejillones criados en granjas). Con un cepillo rígido, frote los mejillones, uno a la vez, con agua corriente fría. Quite los grilletes a los mejillones unos 10 a 15 minutos antes de cocinarlos. La barba es el pequeño racimo de fibras que emergen del caparazón. Para quitar la barba, agarre la cuerda entre el pulgar y el índice y tire hacia la bisagra. (Este método no mata los mejillones). También puedes usar pinzas o pinzas para pescado. Asegúrate de que la concha de cada mejillón esté bien cerrada. Si hay conchas abiertas, golpéalas suavemente sobre la encimera. Deseche los mejillones que no cierren en unos minutos. Deseche los mejillones con conchas agrietadas o dañadas.

VIEIRAS FRITAS CON SABOR A REMOLACHA

EMPEZAR A ACABAR:30 minutos rinden: 4 porcionesIMAGEN

QUE HERMOSA CORTEZA DORADA,ASEGURATE DE QUE LA SUPERFICIE DE LAS VIEIRAS ESTE MUY SECA Y DE QUE LA SARTEN ESTE BIEN CALIENTE ANTES DE PONERLAS EN LA SARTEN. ADEMÁS, DORE LAS VIEIRAS SIN TOCARLAS DURANTE 2 A 3 MINUTOS, REVISÁNDOLAS CUIDADOSAMENTE ANTES DE DARLES LA VUELTA.

1 libra de vieiras frescas o congeladas, secas con toallas de papel
3 remolachas medianas, peladas y picadas
½ manzana Granny Smith, pelada y picada
2 jalapeños, sin tallos, semillas y picados (verConsejos)
¼ de taza de cilantro fresco picado
2 cucharadas de cebolla morada finamente picada
4 cucharadas de aceite de oliva
2 cucharadas de jugo de lima fresco
pimienta blanca

1. Descongele las vieiras, si están congeladas.

2. Para saborear las remolachas, combine las remolachas, la manzana, los jalapeños, el cilantro, la cebolla, 2 cucharadas de aceite de oliva y el jugo de limón en un tazón mediano. Mezclar bien. Reserva mientras preparas las vieiras.

3. Enjuague las vieiras; secar con toallas de papel. Calienta las 2 cucharadas restantes de aceite de oliva en una sartén grande a fuego medio-alto. Agrega las vieiras; saltee de 4 a 6 minutos o hasta que estén doradas por fuera y apenas opacas. Espolvoree ligeramente las vieiras con pimienta blanca.

4. Para servir, divida la salsa de remolacha en partes iguales entre los platos para servir; cubra con vieiras. Servir inmediatamente.

VIEIRAS A LA PARRILLA CON SALSA DE PEPINO Y ENELDO

PREPARACIÓN:35 minutos de enfriamiento: 1 a 24 horas grill: 9 minutos rinde: 4 porciones

AQUÍ TIENES UN CONSEJO PARA CONSEGUIR LOS AGUACATES MÁS IMPECABLES:CÓMPRELOS CUANDO ESTÉN DUROS Y DE COLOR VERDE BRILLANTE, Y DÉJELOS MADURAR EN LA ENCIMERA DURANTE UNOS DÍAS, HASTA QUE CEDAN UN POCO AL PRESIONARLOS LIGERAMENTE CON LOS DEDOS. CUANDO ESTÉN DUROS E INMADUROS, NO SE MAGULLARÁN DURANTE EL TRANSPORTE DESDE EL MERCADO.

- 12 o 16 vieiras frescas o congeladas (1¼ a 1¾ libras en total)
- ¼ taza de aceite de oliva
- 4 dientes de ajo, finamente picados
- 1 cucharadita de pimienta negra recién molida
- 2 calabacines medianos, cortados y cortados por la mitad a lo largo
- ½ pepino mediano, cortado por la mitad a lo largo y en rodajas finas a lo ancho
- 1 aguacate mediano, partido por la mitad, sin semillas, pelado y picado
- 1 tomate mediano, sin corazón, sin semillas y picado
- 2 cucharaditas de menta fresca picada
- 1 cucharadita de eneldo fresco picado

1. Descongele las vieiras, si están congeladas. Enjuague las vieiras con agua fría; secar con toallas de papel. Combine 3 cucharadas de aceite, ajo y ¾ cucharadita de pimienta en un tazón grande. Agrega las vieiras; revuelva suavemente para cubrir. Cubra y enfríe durante al menos 1 hora o hasta 24 horas, revolviendo ocasionalmente.

2. Unte las mitades de calabaza con la cucharada de aceite restante; espolvoree uniformemente con el ¼ de cucharadita de pimienta restante.

3. Escurrir las vieiras, desechar la marinada. Pase dos brochetas de 10 a 12 pulgadas a través de cada vieira, usando 3 o 4 vieiras por cada par de brochetas y dejando un espacio de ½ pulgada entre las vieiras.* (Enhebrar las vieiras en dos brochetas ayuda a mantenerlas estables cuando se asan y se apagan.)

4. Para una parrilla de carbón o gas, coloque las brochetas de vieiras y las mitades de calabaza en la rejilla directamente a fuego medio.** Cubra y cocine a la parrilla hasta que las vieiras estén opacas y la calabaza tierna, volteándolas a la mitad de la parrilla. Espere de 6 a 8 minutos para las vieiras y de 9 a 11 minutos para los calabacines.

5. Mientras tanto, para la salsa, combine el pepino, el aguacate, el tomate, la menta y el eneldo en un tazón mediano. Revuelva suavemente para combinar. Coloque 1 brocheta de vieira en cada uno de los cuatro platos para servir. Cortar las mitades de calabacín en diagonal por la mitad y colocarlas en platos con vieiras. Vierta la mezcla de pepino de manera uniforme sobre las vieiras.

*Consejo: Si usa brochetas de madera, sumérjalas en suficiente agua para cubrirlas durante 30 minutos antes de usarlas.

**Para asar: Prepárelo como se indica en el paso 3. Coloque las brochetas de vieiras y las mitades de calabacín en la rejilla sin calentar de una asadera. Cocine de 4 a 5 pulgadas del fuego hasta que las vieiras estén opacas y la calabaza esté tierna, volteándola una vez a la mitad de la cocción. Espere de 6 a 8 minutos para las vieiras y de 10 a 12 minutos para los calabacines.

VIEIRAS FRITAS CON TOMATE, ACEITE DE OLIVA Y SALSA DE HIERBAS

PREPARACIÓN:20 minutos de cocción: 4 minutos rinden: 4 porciones

LA SALSA ES CASI COMO UNA VINAGRETA TIBIA.EL ACEITE DE OLIVA, EL TOMATE FRESCO PICADO, EL JUGO DE LIMÓN Y LAS HIERBAS SE COMBINAN Y SE CALIENTAN MUY SUAVEMENTE (LO SUFICIENTE PARA MEZCLAR LOS SABORES) Y LUEGO SE SIRVEN CON LAS VIEIRAS ENNEGRECIDAS Y UNA CRUJIENTE ENSALADA DE BROTES DE GIRASOL.

VIEIRAS Y SALSA
- 1 a 1½ libras de vieiras frescas o congeladas (alrededor de 12)
- 2 tomates Roma grandes, pelados,* sin semillas y picados
- ½ taza de aceite de oliva
- 2 cucharadas de jugo de limón fresco
- 2 cucharadas de albahaca fresca picada
- 1 a 2 cucharaditas de cebollino finamente picado
- 1 cucharada de aceite de oliva

ENSALADA
- 4 tazas de brotes de girasol
- 1 limón, cortado en cubitos
- Aceite de oliva virgen extra

1. Descongele las vieiras, si están congeladas. Enjuague las vieiras; limpiar. Poner a un lado.

2. Para la salsa, combine los tomates, ½ taza de aceite de oliva, el jugo de limón, la albahaca y el cebollino en una cacerola pequeña; poner a un lado.

3. Calienta 1 cucharada de aceite de oliva a fuego medio-alto en una sartén grande. Agrega las vieiras; cocine de 4 a 5 minutos o

hasta que esté dorado y opaco, volteándolo una vez a la mitad de la cocción.

4. Para la ensalada, coloque los brotes en un recipiente para servir. Exprima rodajas de limón sobre los brotes y rocíe con un poco de aceite de oliva. Tirar para combinar.

5. Calienta la salsa a fuego lento hasta que esté tibia; no hervir. Para servir, vierta un poco de salsa en el centro del plato; cubra con 3 de las vieiras. Servir con la ensalada de brotes.

*Consejo: Para pelar un tomate fácilmente, colóquelo en una olla con agua hirviendo durante 30 segundos a 1 minuto o hasta que la piel comience a partirse. Retire el tomate del agua hirviendo y sumérjalo inmediatamente en un recipiente con agua helada para detener el proceso de cocción. Cuando el tomate esté lo suficientemente frío como para manipularlo, quítale la piel.

COLIFLOR ASADA AL COMINO CON HINOJO Y CEBOLLA PERLA

PREPARACION:15 minutos de cocción: 25 minutos rinden: 4 porcionesIMAGEN

HAY ALGO PARTICULARMENTE TENTADOR.SOBRE LA COMBINACION DE COLIFLOR ASADA Y EL SABOR TOSTADO Y TERROSO DEL COMINO. ESTE PLATO TIENE EL ELEMENTO AÑADIDO DEL DULZOR DE LAS GROSELLAS SECAS. SI LO DESEAS, AGREGA UN POCO DE FUEGO CON ¼ A ½ CUCHARADITA DE PIMIENTO ROJO TRITURADO JUNTO CON EL COMINO Y LAS GROSELLAS EN EL PASO 2.

3 cucharadas de aceite de coco sin refinar
1 coliflor de cabeza mediana, cortada en floretes (4 a 5 tazas)
2 cabezas de hinojo, picadas en trozos grandes
1½ tazas de cebollas perla congeladas, descongeladas y escurridas
¼ de taza de grosellas secas
2 cucharaditas de comino molido
Eneldo fresco picado (opcional)

1. Calienta el aceite de coco a fuego medio en una sartén extra grande. Añade la coliflor, el hinojo y la cebolla perla. Tape y cocine por 15 minutos, revolviendo ocasionalmente.

2. Reduzca el fuego a medio-bajo. Agrega las grosellas y el comino a la sartén; cocine sin tapar durante unos 10 minutos o hasta que la coliflor y el hinojo estén tiernos y dorados. Si lo desea, decore con eneldo.

SALSA GRUESA DE TOMATE Y BERENJENA CON ESPAGUETI DE CALABAZA

PREPARACIÓN:30 minutos de horneado: 50 minutos de enfriamiento: 10 minutos de asado: 10 minutos rinde: 4 porciones

ESTE ATREVIDO ACCESORIO SE PUEDE GIRAR FÁCILMENTEPARA UN PLATO PRINCIPAL. AGREGUE APROXIMADAMENTE 1 LIBRA DE CARNE MOLIDA DE RES O BISONTE COCIDA A LA MEZCLA DE BERENJENA Y TOMATE DESPUÉS DE TRITURARLA LIGERAMENTE CON UN MACHACADOR DE PAPAS.

1 calabaza espagueti de 2 a 2½ libras
2 cucharadas de aceite de oliva
1 taza de berenjena pelada y picada
¾ taza de cebolla picada
1 pimiento rojo pequeño, picado (½ taza)
4 dientes de ajo, finamente picados
4 tomates rojos maduros medianos, pelados si se desea y picados en trozos grandes (aproximadamente 2 tazas)
½ taza de albahaca fresca picada

1. Precaliente el horno a 375°F. Forre un molde para hornear pequeño con papel de hornear. Corta la calabaza espagueti por la mitad en forma transversal. Utilice una cuchara grande para raspar las semillas y los hilos. Coloque las mitades de calabaza, con los lados cortados hacia abajo, en la bandeja para hornear preparada. Ase la calabaza sin tapar durante 50 a 60 minutos o hasta que esté tierna. Dejar enfriar sobre una rejilla durante unos 10 minutos.

2. Calienta el aceite de oliva a fuego medio en una sartén grande. Agrega la cebolla, la berenjena y el pimiento; cocine de 5 a 7

minutos o hasta que las verduras estén tiernas, revolviendo ocasionalmente. Agrega el ajo; cocine y revuelva por otros 30 segundos. Agrega los tomates; cocine de 3 a 5 minutos o hasta que los tomates estén suaves, revolviendo ocasionalmente. Triture la mezcla ligeramente con un machacador de patatas. Agrega la mitad de la albahaca. Tape y cocine por 2 minutos.

3. Utilice un paño de cocina o una toalla para sujetar las mitades de calabaza. Use un tenedor para raspar la pulpa de la calabaza y colocarla en un tazón mediano. Divida la calabaza en cuatro platos para servir. Cubra uniformemente con la salsa. Espolvorea con la albahaca restante.

CHAMPIÑONES RELLENOS DE PORTOBELLO

PREPARACIÓN:35 minutos de asado: 20 minutos de asado: 7 minutos rinde: 4 porciones

PARA CONSEGUIR LOS PORTOBELLOS MÁS FRESCOS, BUSQUE HONGOS QUE TODAVÍA TENGAN SUS TALLOS INTACTOS. LAS BRANQUIAS DEBEN VERSE HÚMEDAS, PERO NO MOJADAS NI NEGRAS Y DEBEN TENER UNA BUENA SEPARACIÓN ENTRE ELLAS. PARA PREPARAR CUALQUIER TIPO DE CHAMPIÑONES PARA COCINAR, SÉCALOS CON UNA TOALLA DE PAPEL LIGERAMENTE HÚMEDA. NUNCA SUMERJAS LOS CHAMPIÑONES NI LOS SUMERJAS EN AGUA: SON MUY ABSORBENTES Y SE VOLVERAN BLANDOS Y ACUOSOS.

- 4 champiñones portobello grandes (aproximadamente 1 libra en total)
- ¼ taza de aceite de oliva
- 1 cucharada de condimento ahumado (ver<u>receta</u>)
- 2 cucharadas de aceite de oliva
- ½ taza de chalotes picados
- 1 cucharada de ajo finamente picado
- 1 libra de acelgas, sin tallos y picadas (aproximadamente 10 tazas)
- 2 cucharaditas de especias mediterráneas (ver<u>receta</u>)
- ½ taza de rábanos picados

1. Precaliente el horno a 400°F. Retire los tallos de los champiñones y reserve para el paso 2. Utilice la punta de una cuchara para quitar las branquias de las tapas; tirar branquias. Coloque las tapas de los champiñones en una fuente para hornear rectangular de 3 cuartos; Unte ambos lados de los champiñones con ¼ de taza de aceite de oliva. Voltee las tapas de los champiñones de modo que los lados del tallo queden hacia arriba; espolvorear con condimento ahumado. Cubre la fuente

para hornear con papel de aluminio. Hornee tapado durante unos 20 minutos o hasta que estén tiernos.

2. Mientras tanto, pique los tallos de los champiñones reservados; poner a un lado. Para preparar acelgas, retire las nervaduras gruesas de las hojas y deséchelas. Picar en trozos grandes las hojas de acelgas.

3. Calienta las 2 cucharadas de aceite de oliva a fuego medio en una sartén extra grande. Agrega las chalotas y el ajo; cocine y revuelva durante 30 segundos. Agrega los tallos de champiñones picados, las acelgas picadas y el condimento mediterráneo. Cocine sin tapar de 6 a 8 minutos o hasta que las acelgas estén tiernas, revolviendo ocasionalmente.

4. Divida la mezcla de acelgas entre las tapas de champiñones. Rocíe el líquido restante en la fuente para hornear sobre los champiñones rellenos. Cubra con rábanos picados.

ACHICORIA FRITA

PREPARACIÓN: 20 minutos de cocción: 15 minutos rinden: 4 porciones

LA ACHICORIA SE COME CON MAYOR FRECUENCIACOMO PARTE DE UNA ENSALADA PARA PROPORCIONAR UN AGRADABLE AMARGOR ENTRE LA MEZCLA DE VERDURAS, PERO TAMBIÉN SE PUEDE ASAR O ASAR SOLO. UN LIGERO AMARGOR ES INHERENTE A LA ACHICORIA, PERO NO QUERRÁS QUE SEA ABRUMADOR. BUSQUE CABEZAS MÁS PEQUEÑAS CUYAS HOJAS LUZCAN FRESCAS Y CRUJIENTES, NO MARCHITAS. EL EXTREMO CORTADO PUEDE SER LIGERAMENTE MARRÓN, PERO DEBE SER MAYORMENTE BLANCO. EN ESTA RECETA, UN CHORRITO DE VINAGRE BALSÁMICO ANTES DE SERVIR AÑADE UN TOQUE DE DULZURA.

2 cabezas grandes de achicoria
¼ taza de aceite de oliva
1 cucharadita de especias mediterráneas (ver receta)
¼ de taza de vinagre balsámico

1. Precaliente el horno a 400°F. Corta la achicoria en cuartos, dejando parte del corazón adherido (debes tener 8 gajos). Unte los lados cortados de las rodajas de achicoria con aceite de oliva. Coloque los trozos, con los lados cortados hacia abajo, en una bandeja para hornear; espolvorear con especias mediterráneas.

2. Hornee aprox. 15 minutos o hasta que la achicoria se ablande, volteándola una vez a la mitad de la cocción. Coloque la achicoria en una fuente para servir. Rocíe vinagre balsámico; servir inmediatamente.

HINOJO ASADO CON VINAGRETA DE NARANJA

PREPARACIÓN: 25 minutos de horneado: 25 minutos rinden: 4 porciones

GUARDE LA VINAGRETA SOBRANTE PARA MEZCLAR CON ENSALADA VERDE O SÍRVALO CON CARNE DE CERDO, AVES O PESCADO A LA PARRILLA. GUARDE LA VINAGRETA SOBRANTE EN UN RECIPIENTE BIEN TAPADO EN EL REFRIGERADOR HASTA POR 3 DÍAS.

- 6 cucharadas de aceite de oliva virgen extra, y más para untar
- 1 bulbo de hinojo grande, recortado, sin corazón y cortado en cubitos (reserva las hojas para decorar si lo deseas)
- 1 cebolla morada, picada
- ½ naranja, cortada en rodajas finas
- ½ taza de jugo de naranja
- 2 cucharadas de vinagre de vino blanco o vinagre de champagne
- 2 cucharadas de sidra de manzana
- 1 cucharadita de semillas de hinojo molidas
- 1 cucharadita de piel de naranja finamente rallada
- ½ cucharadita de mostaza estilo Dijon (ver receta)
- Pimienta negra

1. Precaliente el horno a 425°F. Unte ligeramente una bandeja para hornear grande con aceite de oliva. Coloque las rodajas de hinojo, cebolla y naranja en una bandeja para hornear; rocíe con 2 cucharadas de aceite de oliva. Mezcle suavemente la verdura para cubrirla con aceite.

2. Ase las verduras durante 25 a 30 minutos o hasta que estén tiernas y ligeramente doradas, volteándolas una vez a la mitad del asado.

3. Mientras tanto, para la vinagreta de naranja, combine el jugo de naranja, el vinagre, la sidra de manzana, las semillas de hinojo,

la ralladura de naranja, la mostaza estilo Dijon y la pimienta al gusto en una licuadora. Con la licuadora encendida, agregue lentamente las 4 cucharadas restantes de aceite de oliva en un chorro fino. Continuar mezclando hasta que la vinagreta espese.

4. Transfiera las verduras a una fuente para servir. Rocíe las verduras con un poco de vinagreta. Si lo desea, decore con las hojas de hinojo reservadas.

REPOLLO SABOYA ESTILO PUNJABI

PREPARACIÓN:20 minutos de cocción: 25 minutos rinden: 4 porcionesIMAGEN

ES SORPRENDENTE LO QUE PASAHASTA OBTENER UN REPOLLO SIN PRETENSIONES Y DE SABOR SUAVE CUANDO SE COCINA CON JENGIBRE, AJO, CHILE Y ESPECIAS INDIAS. LAS SEMILLAS TOSTADAS DE MOSTAZA, CILANTRO Y COMINO LE DAN A ESTE PLATO SABOR Y TEXTURA CRUJIENTE. CUIDADO: ¡HACE CALOR! LOS CHILES PICO DE PÁJARO SON PEQUEÑOS PERO MUY POTENTES, Y EL PLATO TAMBIÉN INCLUYE JALAPEÑO. SI PREFIERES MENOS PICANTE, SOLO USA JALAPEÑO.

- 1 trozo de jengibre fresco de 2 pulgadas, pelado y cortado en rodajas de ⅓ de pulgada
- 5 dientes de ajo
- 1 jalapeño grande, sin tallos, sin semillas y cortado por la mitad (verConsejos)
- 2 cucharaditas de garam masala sin sal añadida
- 1 cucharadita de cúrcuma molida
- ½ taza de caldo de huesos de pollo (verreceta) o caldo de pollo sin sal
- 3 cucharadas de aceite de coco refinado
- 1 cucharada de semillas de mostaza negra
- 1 cucharadita de semillas de cilantro
- 1 cucharadita de semillas de comino
- 1 chile pico de ave entero (chile de árbol) (verConsejos)
- 1 rama de canela de 3 pulgadas
- 2 tazas de cebollas amarillas en rodajas finas (unas 2 medianas)
- 12 tazas de col rizada sin corazón en rodajas finas (aproximadamente 1½ libras)
- ½ taza de cilantro fresco picado (opcional)

1. Combine el jengibre, el ajo, el jalapeño, el garam masala, la cúrcuma y ¼ de taza de caldo de huesos de pollo en un procesador de alimentos o licuadora. Cubra y procese o mezcle hasta que quede suave; poner a un lado.

2. Combine el aceite de coco, las semillas de mostaza, las semillas de cilantro, el comino, el chile y la rama de canela en una sartén extra grande. Cocine a fuego medio-alto, agitando la sartén con frecuencia, durante 2 a 3 minutos o hasta que se despliegue la ramita de canela. (Tenga cuidado: las semillas de mostaza explotarán y chisporrotearán mientras se cocinan). Agregue la cebolla; cocine y revuelva durante 5 a 6 minutos o hasta que la cebolla esté ligeramente dorada. Agrega la mezcla de jengibre. Cocine de 6 a 8 minutos o hasta que la mezcla esté bien caramelizada, revolviendo con frecuencia.

3. Agregue el repollo y el caldo de huesos de pollo restante; Mezclar bien. Tape y cocine durante unos 15 minutos o hasta que el repollo esté tierno, revolviendo dos veces. Destapa la sartén. Cocine y revuelva durante 6 a 7 minutos o hasta que el repollo esté ligeramente dorado y el exceso de caldo de huesos de pollo se evapore.

4. Retire y deseche la ramita de canela y la guindilla. Si lo desea, espolvoree con cilantro.

CALABAZA ASADA CON CANELA

PREPARACIÓN: 20 minutos de asado: 30 minutos rinde: 4 a 6 porciones

UN CHORRITO DE PIMIENTA DE CAYENA LE DA A ESTOS DULCES CUBOS DE CALABAZA ASADOS SOLO UN TOQUE PICANTE. ES FÁCIL OMITIRLO SI LO PREFIERE. SIRVA ESTE ACOMPAÑAMIENTO SENCILLO CON CERDO ASADO O CHULETAS DE CERDO.

- 1 calabaza (aproximadamente 2 libras), pelada, sin semillas y cortada en cubos de ¾ de pulgada
- 2 cucharadas de aceite de oliva
- ½ cucharadita de canela molida
- ¼ cucharadita de pimienta negra
- ⅛ cucharadita de pimienta de cayena

1. Precaliente el horno a 400°F. Mezcle la calabaza con aceite de oliva, canela, pimienta negra y pimienta de cayena en un tazón grande. Forre una bandeja para hornear grande con papel de hornear. Extienda la calabaza en una sola capa sobre la bandeja para hornear.

2. Ase durante 30 a 35 minutos o hasta que la calabaza esté tierna y dorada en los bordes, revolviendo una o dos veces.

ESPÁRRAGOS FRITOS CON HUEVO ESCALFADO Y NUECES

EMPEZAR A ACABAR: 15 minutos rinden: 4 porciones

ESTA ES UNA VARIACIÓN DE UN CLÁSICO. PLATO DE VERDURAS FRANCÉS LLAMADO MIMOSA DE ESPÁRRAGOS, LLAMADO ASÍ PORQUE EL VERDE, EL BLANCO Y EL AMARILLO DEL PLATO TERMINADO PARECEN UNA FLOR DEL MISMO NOMBRE.

1 libra de espárragos frescos, recortados
5 cucharadas de vinagreta de ajo asado (ver receta)
1 huevo duro, pelado
3 cucharadas de nueces pecanas picadas, tostadas (ver Consejos)
Pimienta negra recién molida

1. Coloque la rejilla del horno a 4 pulgadas del elemento calefactor; Precalienta la parrilla a temperatura alta.

2. Extienda los espárragos en una bandeja para hornear. Rocíe con 2 cucharadas de vinagreta de ajo asado. Con las manos, enrolle los espárragos para cubrirlos con la vinagreta. Cocine de 3 a 5 minutos o hasta que estén ampollados y tiernos, volteando los espárragos cada minuto. Transfiera a una fuente para servir.

3. Cortar el huevo por la mitad; Pasa los huevos por un colador sobre los espárragos. (También puedes rallar el huevo usando los agujeros grandes de un rallador). Rocía los espárragos y el huevo con las 3 cucharadas restantes de vinagreta de ajo asado. Cubra con nueces y espolvoree con pimienta.

www.ingramcontent.com/pod-product-compliance
Lightning Source LLC
Chambersburg PA
CBHW071336110526
44591CB00010B/1167